軍政下的香港

新生的大東亞核心

王琪　張利軍　譯

趙雨樂　鍾寶賢　李澤恩　編註

東瀛遺珠：近代香港的日本人紀錄

5

責任編輯　李　斌
書籍設計　孫素玲

書　　名	軍政下的香港——新生的大東亞核心
編　　註	趙雨樂　鍾寶賢　李澤恩
譯　　者	王　琪　張利軍
出　　版	三聯書店（香港）有限公司
	香港北角英皇道 499 號北角工業大廈 20 樓
	Joint Publishing (H.K.) Co., Ltd.
	20/F., North Point Industrial Building,
	499 King's Road, North Point, Hong Kong
香港發行	香港聯合書刊物流有限公司
	香港新界大埔汀麗路 36 號 3 字樓
印　　刷	美雅印刷製本有限公司
	香港九龍觀塘榮業街 6 號 4 樓 A 室
版　　次	2020 年 1 月香港第一版第一次印刷
規　　格	特 16 開（150 × 230 mm）248 面
國際書號	ISBN 978-962-04-3519-5

序言

　　1941 年聖誕，日軍攻佔港島水塘的最後防線，香港進入三年零八個月的艱苦歲月。基於時局動亂，人口流散，經濟百業蕭條，日本軍政下的香港，均無復英國殖民地管治的舊觀。現時所見的相關史料，多從戰爭因素入手，觀察日軍對香港社會的破壞，並關注於百姓在此黑暗時期的抵抗經歷。戰爭同時影響歷史的妥當保存，不少本地華人機構和殖民地的寶貴資料，均遭受若干程度的破壞。回顧戰時香港，大眾印象也漸趨於模糊，只能從零碎資料和口述歷史中，找到浮光掠影。此書最大的亮點，是如何由另一說書者繼續其「香港故事」，站在新政權的建構主義角度，自然致力刻畫英式管治之問題，以及日治時期的各種進步。類似的逆向述史方式，本來有違歷史應有的客觀原則，讀者以中華民族感情讀之，尤覺歪謬之處亦多。惟歷史紀錄往往離不開國家權力的更替，由勝利者解讀發動戰爭的良好動機，以及對種種擊敗腐敗政權而誕生的美好憧憬，均為預期之內的形象重塑。研究歷史的人，更多注重特定條件下個別史觀的形成過程，從而反映資料的時代與地域價值。事實上，新史的再造難度甚高，蓋由於香港已習慣殖民地的有效統治，感受到行政、立法、司法，以及商業帶來的地緣優勢，普遍認為沒有其他東方民族，可以取代西式的管轄秩序。

　　因此，日本佔領香港，首要任務就是徹底改變本地華人的時局觀。磯谷廉介領導的香港佔領地政府，努力籠絡華民領袖，把政、商、文教各界代表置於可控範圍，期望以新政教育，改變香港社會的仇日心理。例如面對戰時物資的匱乏，新政府仍強調其穩定

民生之功，把米糧配給、軍票發行、物價操控、物資運送、勞動就業，均歸為惠民的政策重點。此外，又把英國在港的基本建設，諸如街道、建築、公共、港口等設施，在名字上改頭換面，彷彿成為日治政府管治下的新事物。戰局愈是混亂，當權者愈要說明文化事業的勃興發展，無論教育、報章、雜誌、電影、藝術，以至醫療防疫均達至全民照顧，營造一片復甦的景象。日人在戰爭中不乏引以自豪的「豐功偉績」，其中因戰事陣亡而建設的忠靈塔、香港神社之類，對大部分的香港市民或許感到陌生，卻曾是居港日軍的一種集體回憶。這些戰爭遺跡記載，令香港歷史更為豐富，我們回溯戰爭苦難，也應該以歷史的部分變遷視之，在癒合的瘡疤中找到成長的片段。對戰時日本軍人來說，派遣於華南、東南亞的部隊，是實現他們大東亞共榮圈構想的重要手段，其「光榮歲月」和中國人的屈辱時期，恰成為強烈的心理反差，展示著截然不同的歷史觀念。

本書是《東瀛遺珠：近代香港的日本人紀錄》系列的又一編譯作品，讀者閱畢《明治時期香港的日本人》、《香港要覽》（外三種），已對日人長期留心香港發展具備整體的認識。他們取代英國殖民管治之心，在二十世紀初以來逐漸強烈，從初期借鑒洋人海港經驗，到確立本國的戰略據點，個中流露了微妙的思想轉化。此書經濟數據資料詳盡，戰時人事關係錯綜，能把各個細項循序列表而保留原書風格，編輯李斌先生做了大量的前期工作。三聯書店總經理李家駒博士、編輯梁偉基先生，一直鼓勵我把叢書做好，是本人執筆的原動力，在此衷心致謝。

趙雨樂

序於香港公開大學人文社會科學院

2019 年 11 月

凡例

1. 本書根據一系列近代香港關係的日本書籍進行中文翻譯和註解，成書意念上，以中國香港及內地讀者作首要對象。譯文務求以精準的句譯方法為主，同時考慮中日之間的行文差異，個別句子為求通順易明，仍會參酌漢語語境，稍作適當的意譯，力臻信、達、雅兼備的譯文效果。

2. 本書翻譯的人名、地名、官職，常涉及日本人通用，卻非該國以外地區常用的名詞。為避免對此等日本漢字的誤解，中文譯本仍採納香港慣用的名物方式，至於部分英譯而來的日文片假名，則直接括以英語。個別中英日職名之間的翻譯區別，謹附對照表於書後，以供參考。

3. 文獻是時代的產物，離不開特定時期的用語，從文本的建構主義觀察行文者的書寫意識，未嘗不發人深省，反照歷史的原型。故此，本書並不刻意迴避昭和時期日本對外擴張的精神面貌，及日軍香港佔領地當局的宣傳意圖。例如從「皇軍」（「我軍」）和「大東亞聖戰」、「大東亞共榮圈」之類表述，可主觀反映其優越感及對侵略戰爭作美化的用意，如黃種、白種、有色人種等民族界別，均具強烈的歧視和排他性。又如「南京國民政府」實為汪偽政府，「重慶政府」及「重慶方面」則指蔣介石政權，此類發乎彼時日本佔領地軍政當局的獨特表述，展露其時的國家行為及國家觀念，均盡量於中譯本內予以保留。

4. 近代日本以天皇年號紀年，由明治而大正、昭和，時而與西曆的時間觀念並行。為使讀者掌握人事發生的確實年代，本書在

只有日本年號記事的情形下，會加入西方年份為提示。至於人物生卒，概以西曆為主，原文之中偶有日本年號與西曆兩者出入之處，則考究史事的正確年代，加以修正。

5. 在翻譯過程中，由於涉及中國內地和香港兩套不同的稱呼，加上日人書寫容有前後誤差等情況，本書盡量優先以香港習慣說法為準則，俾令讀者大眾感覺地道易明。

6. 書中人物豐富，述事錯綜，活動浩繁，凡編者認為須加說明之處，為行文之便，並與原書註釋區別，編者統以「編者按」之形式進行註解，或考證史實的真偽，或深究人脈和制度，或聯繫前因與後果，方便讀者延伸學習，繼續學術查考。此等按語，代表編者、譯者和註者的統一看法，在無意改動原書敘文的情況下，標示閱讀時應該注意的地方，當中並不涉及政治理念前設，凡此在這裡略作說明。

中英日文詞彙對照表

日本漢語	中文	英文
支那	中國	China
支那舢舨	中國小船（戎船）	Chinese Sanpan
南支	南中國	South China
米國	美國	United States of America
獨逸	德國	Germany
露國、露西亞	俄國	Russia
佛國、佛蘭西	法國	France
丁抹、抹	丹麥	Denmark
和蘭、蘭	荷蘭	Holland
諾威	挪威	Norway
伊太利	義大利	Italy
澳地利國	奧地利	Austria
白耳義	比利時	Belgium
濠州	澳洲	Australia
比律賓	菲律賓	Philippines
新嘉坡	新加坡	Singapore
佛印	法屬印度支那	Colony of French Republic, Indochina
九龍埠頭倉庫會社	九龍倉	The Hong Kong and Kowloon Wharf and Godown Company
薄扶林水源地	薄扶林水塘	Pok Fu Lam Reservoir
香上銀行	香港上海滙豐銀行	Hong Kong and Shanghai Bank

日本漢語	中文	英文
英國亞細亞東部艦隊	英國遠東艦隊	The China Station of British Royal Navy
總督代理	代總督	Acting Governor
外務卿、外務大輔	外交部長	Minister of Foreign Affairs
書記官	秘書	Secretary
對華貿易監督官主席	駐華商務總監	Commercial Director in China
副少將	準將	Brigadier General
瓦斯	煤氣	Gas
中繼港	中轉港	Port of Loading
經濟大恐慌	經濟大蕭條	The Great Depression
國勢調查	國情調查	National Condition Investigation
造船所	造船廠	The Shipyard
支配人	總經理	General Manager
英帝國航空會社	英國帝國航空公司	Imperial Airways
佛國航空會社	法國航空公司	Air France
郵便	郵政	Post Office
豚肉	豬肉	Pork
燐寸	火柴	Match
生徒	學生	Students
映畫	電影	Movies
阿片	鴉片	Opium

目錄

告諭

香港乃英國積年盤桓榨取東洋之據點、侵擾東亞物質文明之中樞。現一朝為我忠勇毅烈之皇軍所佔，成大日本之皇土。人類公敵之英國，依其無厭野心不逞企圖之本源地，經已挫折消滅，堪為東亞萬眾慶祝無量者也。夫大東亞戰爭終局最大目的，乃保東亞之安定，進而貢獻世界和平，以謀萬邦之榮樂。

故軍政府治下之香港，應同致力於今後之統治建設，完成大東亞戰爭，一洗香港從前舊態，方能發揚東洋本來之精神文化，萬民同沐聖澤，完成皇道昭垂之東亞永遠福利之基。

本督拜受香港佔領地總督之大任。

今日親臨此地，當遵聖旨，竭盡心力，以期不負使命。故萬民永恆之福利，必在大東亞戰爭全勝之後。當前諸民應忍耐艱苦，善體聖戰之意義。切戒淫意放恣，在皇軍治下，奮發努力，對於時局多做貢獻。凡爾民眾，如能革除故態陋習，挺身自勵，一秉東洋精神，完成大東亞興隆偉業者，本督當以知己待之。如有違道義，不守規範者，乃東亞萬眾之公敵，非我皇土之民。無論國籍、無論人種，本督當以軍法處治，決不容恕。茲當蒞任之始，特此通諭知之。

香港佔領地總督　磯谷廉介

序

　　香港歸化皇土已兩年有餘，新香港的建設雖然不斷進步，但至今還沒有一部詳細全面介紹目前香港狀況的著作。而《新香港建設》只嘗試介紹了很小一部分，而且靠一本小冊子也難以詳細介紹隨後的建設和復興情況。在期待有關於此的全新著作問世時，偶然得知東洋經濟新報社將要編纂《軍政下的香港 —— 新生的大東亞核心》一書。在考查其中內容後，感到這本書基本上展示了香港的全貌，也明晰了香港建設在大東亞戰爭背景下的意義。雖然在大東亞戰爭過程中，無法進行全面的採訪取材，因而難以從此書了解軍政治下香港的全貌，但還是斗膽推薦大家一讀。

香港佔領地政府新聞部長

陸軍中校　升久春樹

昭和十九年二月

前言

由大東亞戰爭的爆發到對香港的佔領，從而將英美勢力從東亞—香港等地區驅逐出去的事實不必贅述。但是並不能僅因當前的結果，就斷言英美已喪失其在東亞的核心地位。何況，戰前的香港是英國在東亞施以政治、經濟影響的最大且最核心的基地。雖然通過大東亞戰爭，我們徹底清除了香港的英國色彩以及英國式的政治功能，但香港在東亞的重要地位仍然沒有發生變化。

目前的香港的確並沒有戰前那樣繁華。當然也難以期待在大東亞戰爭進行時，香港會顯現出自由經濟時代的繁榮。考慮到為了實施戰爭而使用一切必要手段的現實，這也是可想而知的。因此今後還要充分發揮香港的各種功能。

建設新香港的使命必然有助於完成大東亞戰爭，也是對共榮圈建設的有力促進，這是毋庸贅言的。

實行軍政兩年來，新香港的體制逐漸趨於完備。在政治、經濟、文化的各個領域內，緊要部分都已基本為全面發展做好準備，在即將到來的第三年裡，便可檢驗是否真正達到了能夠發揮新生香港之真正力量的狀態。我相信此書能夠描繪出新生香港的蓬勃發展之態，但如果此書能夠成為認識香港重要性的參考文獻，則是意外之幸。

對於完成此書，在原稿撰寫或者提供資料等方面，得到了香港佔領地政府各部門等多方面的大力支持和幫助，各章節的執筆人和資料的提供人如下所書，在此一併記載於此以表達深厚謝意。

東洋經濟新報社 總編輯 常務理事　栂井義雄

第一部分 總論篇

第一章 東洋經濟新報社香港分社執筆

第二章、三章、四章 東亞研究所香港事務所執筆

第五章 總督部民治部和司法部執筆

第二部分 設施篇

第一章 總督部交通部執筆

第二章 本社香港分社執筆

第三章、四章 總督部交通部執筆

第五章 總督部新聞部執筆

第六章 香港水路廳和總督部交通部

第七章 總督部民治部

第三部分 經濟篇

第一章 小椋廣勝執筆

第二章、三章、四章 總督部財務部

第五章 總督部民治部

第六章 總督部財務部和民治部

第七章、八章、九章 總督部民治部

第十章 東亞研究所香港事務所執筆

第四部分 文化篇

第一章、二章 總督部民治部

第三章、四章 總督部新聞部

第五章 總督部民治部

　　對於各方面提供的原稿和資料，我們從編纂者的立場對其進行了部分取捨或者調整潤色。因此，對於本書內容的責任主要由編纂者承

擔。在此拜請如上所述的執筆人和資料提供者給予原諒，同時也祈求
社會公眾予以斧正。

昭和十八年二月二十日
撰於迎接香港佔領地政府成立兩周年
東洋經濟新報社

第一部分

總
論
篇

第一章　大東亞戰爭和香港的新生

第一節　香港脫離英國後的地位

昭和十六年（1941 年）十二月二十五日，香港站立於全新的起點上。在其光輝的歷史瞬間中，我大皇軍佔領香港，將英國在香港留下的所有痕跡全部清除，並添加上大東亞的印記。香港從英國式轉變為大東亞式面貌的現實，述說了其新生的真正意義，同時也必然標示了貫徹這一理念的根本方向。

昭和十七年（1942 年）二月二十日，香港佔領地總督部的成立是一個歷史性的事件，無可辯駁地闡明了上述香港新生的意義，也確立了此後需遵從的理念。或許據此也能夠看出新生香港的各行各業受到了嚴格的整頓。

為何只在香港設置佔領地總督呢？在不斷推進大東亞聖戰的同時，我無敵皇軍佔領了大片地區，但唯獨在香港設立佔領地總督部，其中必然存在著某種特殊的理由。

佔領地總督部與直屬於內閣的總督府有著本質的不同，其是依據軍令進行軍政的機構，因此其執行的軍政大綱是依據軍隊命令來明確制定的，有關這一點是不言而喻的。但是，制定軍政大綱的目的，其具體的內容要素都蘊含著佔領地所具有的特殊性。而且很多情況下，這種特殊性一方面形成了該佔領地軍政的特色，另一方面深入考察就能發現，正因為這種特殊性的存在，才能在此基礎上計劃和實施具體的軍政。

所謂香港的特殊性是什麼？這是下一步需要著重探究的議題，如果沒有明晰這一議題，就不可能真正認識到香港的重要性。

在論述香港特殊性和重要性的論斷中，存在截然相反的兩種傾向。一種認為香港的重要和繁榮是基於英國政治經濟的影響而得以出現和維持的，因此在英國沒落的今天，香港的價值將會隨之減半。當然，如果探尋香港的歷史發展過程，便可知曉香港的繁榮多是由於英國在過去長達百年的時間裡堅持不懈努力建設發展而來的。英國將香港作為侵略東亞的根據地，動用一切可能手段搶奪香港殖民地和新界租借地，同時積極建設各類設施，使其成為英國在東亞的經濟中心，這是毋庸贅言的。但是在驚訝英國的功績之餘，我們不能忽視中國在其影響下產生的重大變革。中國國民革命運動蓬勃發展，正是以中國南部為支點，不斷向全大陸傳播近代化風氣進行的。可以說，英國是以香港為據點，趁著中國這頭衰老的獅子昏睡之際，肆意滿足其貪欲，但與此同時也從中國南部的一個角落喚醒了這頭獅子並使其容光煥發，最終猛然露出獠牙重新振作起來。於是在英國看來，香港百年繁華建設的後期，就是一部中國接連不斷的反英運動和革命鬥爭的流血犧牲史。在香港建設後期近50年的歷史中，英國方面由於大東亞戰爭的持續推進，其命脈被完全切斷，但香港所具有的政治經濟等重要性並未完全隨之抹殺。特別是通過對比戰前繁榮的自由經濟和當下的經濟狀態的香港價值的評論，幾乎都是不了解發動大東亞戰爭本質的議論。可想而知的是，香港經濟的現狀不僅是從英國佔領狀態向大東亞狀態轉變的過渡性階段，而且是在有史以來最嚴峻的戰局形勢下難以輕易達成的轉變。

針對上述觀點存在一種主流性學說，即在香港歷史上積蓄的東亞價值中謀求其論據，從而在這種認知中出發，為大東亞的建設而絞盡腦汁，充分發揮香港的作用。

於是，筆者思考僅依據後者的觀點，即能夠準確把握大東亞戰爭開戰後香港的特點，從而據此詳細理解在香港設置佔領地總督部的目的，以及佔領香港的真正目的。因此，筆者嘗試通過以下幾節稍加詳細地闡述該論點。

第二節　不斷強化的政治重要性

持香港利用論者，斷言香港具有巨大價值的理由，不僅局限於依靠大東亞戰爭徹底清除了英國的佔領勢力，且香港的政治重要性日益增強，經濟地位也依舊保持不變。

首先，我們討論一下香港的政治重要性在大東亞戰爭開戰後是如何變化的。這個問題一方面要從解決對華問題（培育南京國民政府和打倒重慶政權）的方面來探討，另一方面還必須從與分佈在大東亞各地的所謂南洋華僑的關聯上來討論。

因此，要從解決對華問題方面來探討香港的政治重要性，必須認識到中國國民革命運動的歷史必然性。中國在過去半個世紀進行的國民革命運動，其前半期主要是將矛頭指向清朝末期的政治弊端，而後半期主要是困擾於國民政府成立後的陣痛，但期間對外部則進行了抵禦以英國為首等外國勢力的不斷鬥爭。當然，在晚清窮途末路之時的中國，推進近代化的因素主要是由於與外國的接觸、列強的侵略以及對列強侵略的抗爭。清朝的窮途末路、近代化的蓬勃發展、革命運動的持續蔓延，這一系列由舊體制轉向新體制的國內變革過程，都伴隨著對外談判和對外抗爭。在中國百年近代史，英國擔當著重要角色。清朝末期，最早在閉關鎖國的中國叩開廣東門戶的是英國。通過鴉片戰爭無理、強硬地打破中國門戶，進行殘忍侵略的也是英國。與此同時，以中國南部為中心，遭受來自中國

最強烈反抗的可以說也是英國。但是伴隨著第一次世界大戰後英國國內的日漸頹敗，加之廣州成立的國民政府的強力反抗，導致其對華政策發生了重大轉變，從一直以來的外交上對華強硬政策轉變成曖昧態度。伴隨著這種轉變，英國還採取各種手段意欲將中國排外運動的主要目標從自身轉向別的國家。後來，其將目標轉至日本的結果，即是爆發了中日事變，進而擴大為整個大東亞戰爭。這些事實也不必多言。

在上述的經過中，我們不可忽略兩個關鍵要素。其一是中國的近代化和國民革命運動都是發源於中國南部，其領導層均由中國的南方人組成。其二則是在此運動中有著最大關聯的即是英國的根據地——香港。於是我們必須進一步考察上述的歷史性因素將如何在現階段發揮作用。換言之，在其中能夠發現其國內矛盾，即在南方人的領導下持續發展的國民革命運動依然會繼續，另外香港則去除其英國性質，轉變成東亞式地區。在對比研究香港的歷史發展過程和現階段的新生進程時，我們究竟會從中領悟到什麼呢？

總而言之，日本在歷史方面的對華研究，大多是以北方為重點來展開的，而對中國南方的研究少之又少。所謂對華研究，感覺可等同於對中國北部的研究。在觀察國民革命爆發之前的中國時，上述的研究方式大概即能夠滿足需要了。但是近代中國受到由南方人領導的國民革命洗禮，我們若要充分理解如此一個近代中國，僅僅研究中國北方是難以觀其全貌的。甚至可以坦率地說，不正確認識南方就難以準確把握近代中國。因此筆者堅信這樣一種認識是符合我國對華政策的。現在的國民政府自不待言，其領導層的大部分人都來自南方，另外由於中日事變而產生的重慶政權的領導人也大都出自南方。因此可以說解決對華問題，必須從認識和把握南方

來入手。經濟層面的觀點我們暫且擱置，僅從政治層面的重要性來看，我們必須認識到南方在我國解決對華問題策略上的地位十分關鍵。如此來看，香港作為南洋的重要據點，其政治地位的重要性也是顯而易見的。

其次，彰顯香港政治重要性的第二點是其與南洋華僑的聯繫。俗話說「南洋華僑八百萬」，如果加上由於各種原因加入居住國國籍的數百萬華人，在南洋各國活躍的中華民族及其子孫則不計其數。而且，在包括泰國、菲律賓、緬甸、印度支那、馬來亞、蘇門答臘、爪哇島、加里曼丹島、沙撈越、汶萊等南洋全域活動的海外中國人，在大東亞戰爭爆發前都壟斷著各地的經濟霸權，甚至還發展到獲得並掌控著部分地區的實際政治權利。他們對國內的近代化進程，在經濟政治等方面做出了極為重要的貢獻。這一事實比我們想象的還要關鍵。所謂華僑的捐款以及其他經濟方面，將在下節考察香港經濟重要性時詳細探討，而關於政治方面的貢獻，他們創造了滋生國民革命運動的溫床，並在驅逐列強運動中充分發揮了先鋒的作用。中國國民革命運動的資金大部分都是依靠華僑的捐贈，革命先驅們臥薪嘗膽、伺機而動，也是由他們提供了棲息之所。如果沒有這些華僑，中國國民革命不會有今日的蓬勃發展，這是毋庸置疑的。同時，伴隨著革命政府的不斷壯大，遵從其驅逐列強運動的命令，站在反英救國以及後來抗日運動最前線的即是南洋各地的華僑。他們為什麼願發揮如此重要的作用，其原因就是革命者與華僑是血脈相通、有著同一故鄉的南方人。原本華僑們就因難以忍受清朝末期的政治凋敝，且生活難以為繼，才抱著為家鄉做出些許貢獻的念頭，南下尋求新的天地。可以說，他們響應革命領導者的號召，毅然決然振奮起來，心潮澎湃地發揚革命精神和支持國民革命

是最理所當然不過的。

　　然而，以中日事變的發展為契機，國民革命運動重新活躍起來，換言之在成立當前南京國民政府和重慶政權逐漸沒落的事實面前，上述華僑和國內的關係出現了嚴重動搖。從我方看來，華僑陣營分裂為親日方和親敵方兩大派。特別是大東亞戰爭爆發後，這些親敵派現在不遺餘力地全面倒向支持現南京國民政府。但是時至今日不得不說，在政治上持觀望態度的南洋華僑所佔比重還是很大。

　　順便一提，這些華僑還有一個幻想，這是出國時就深深埋藏在心中的希望，也是在南洋遙望思念故鄉之時所憧憬的理想。即是在生意成功後能夠在自己的村子裡建造一處大院子和一塊墓地，並且在香港設一處豪華別墅。現在已有很多成功者實現了這一願望。中國人十分看重血脈、家族以及作為其基石的故鄉。在這一點上，全世界範圍內都無出其右。華僑們即是這種思想的最佳代表群體，而且像前面所說的，在政治上他們與國民革命、驅逐列強運動都有著密不可分的關係，後面會提到在經濟上也有著不可替代的重要地位，通過他們的族中首領或者他們的後代，與香港保持著密切聯繫。這也充分表明在我對華僑政策上，香港具有難以替代的重要性的現實。

　　再次，認為香港具有政治重要性的另一個關鍵因素，是在其人口構成上，即中國人戶口佔有著壓倒性多數的現象。全香港 80 萬人口中，華人佔其中的九成以上，其人口成分絕不是那麼簡單的。當然，大部分華人是從中國大陸南方遷徙而來的農民，他們的子孫在香港定居下來，但他們依然與家鄉有著難以割捨的羈絆。還有一部分上海人和北京人也有著相同的思維。其中還包含南方華僑的家人或者華僑中的一部分成功人士。雖然構成如此複雜，但這一

人群依舊被統稱為華人。這些人幾乎構成了香港民政的全部組成部分。香港內政的每個舉動，都通過貫通南北的中國大陸，甚至牽動著南亞國家各個角落的中國民眾，我們絕對不可忽略其中的關聯性。因此，我們認為在對香港實施軍政中，統治華民，即民政策略有著極為重要的意義，即是認識到了這一點。

總之，既然大東亞聖戰的第一目的是要確保東亞地區的安定團結，那麼在驅逐英美列強侵略勢力的同時，還必須實現正確解決對華問題。從這個角度來看香港佔領地的地位時，就能發現其僅在政治方面，就具有如前所述的地利人和的特性，重要性是不可比擬的。同時，在將香港從英國式轉變為東亞式地區的過程中，只有在上述問題中尋求契機才具有真正意義，也才能理解香港現在的新生階段與過去相比，其重要性大大增加的原因。

第三節　經濟重要性依然強勢

新生香港在東亞區域，其經濟重要性並沒有減弱，相反，其重要性在戰爭開始後愈發增強。為了闡明這一點，我將嘗試從香港經濟的靜態特徵和動態特徵兩個方面加以分析。

所謂靜態特徵，即根據香港所具有的經濟地理條件、經濟設施機構、資本、勞動力、資源以及存貨，甚至潛在生產力等綜合性價值考量而推導出的特點，但僅這些方面並不能在香港的經濟重要性中產生巨大的本質變化。香港扼守珠江口，是南洋一帶的關鍵地區，而且作為大東亞南北廣闊地域的中心，其要衝地位沒有發生任何變化。香港依舊是世界之上數一數二的優良港灣，整齊排列的巨大倉庫群、大大小小的眾多船埠和碼頭、登陸等港口所需的各類設施以及所有相應功能都被保存了下來。為了使得香港更具特色，成

為東南亞第一港口,當局正在戰前的設施基礎之上興建增設各類大中型近代船塢和造船廠。與此同時,還積極對其附屬的其他機器製造工廠等功能設施進行擴建或合理化整合完備。可以說不僅是那七八百家華人經營的小規模工廠,就連敵對方經營的近代式大工廠也都未遭受戰爭摧毀。馬路、上下水管道也沒有受到任何影響。陸上交通設施方面,鐵路、山路、市區公交電車、汽車等在佔領完成後也全部得到了恢復,甚至還於近期將鐵路一直通到了廣東,完全恢復了陸上交通的各項功能。海上交通方面,不僅是佔領地範圍內,就連與廣東、澳門等其他周邊地區的聯繫,以及與遠隔重洋的多個國家的定期航路也都建立起來。航空運輸方面的功能也逐漸完備。在其他方面,觀察商業機構的狀況,百貨商店、小賣店等終端配給機構與舊體制時相比沒有任何衰退,日本商人結成的進出口貿易公司等主要貿易組織也日趨完備。敵對銀行的清算體系暫且不提,在金融貨幣機構方面,日資、華資各家銀行都已開張,用以替換港幣的軍票正在以堅實步伐逐步流通起來。更為重要的是,豐富廉價的勞動力基本上未受到戰爭疏散工作的影響。從靜態方面來看,現有資本由於港幣貶值和人口避難等原因出現很大程度的縮減。從這一點來看,由於過去兩年時間的消費等原因,現階段確實存在存貨量呈現一定的減少趨勢,這個現象不可否認。但我們必須承認的是,香港作為戰前大東亞地區中轉港口的重要地位,如今依然被保留下來,甚至有所加強了。

但問題在於,英國在東亞全域所形成的經濟機構網現在已被徹底清除,香港所具有的這些靜態經濟特徵,究竟能否一如既往地繼續發揮作用是個問題。無論有多麼優良的硬件設施,如果沒有繼續利用的價值,也只能是畫餅充饑。因此接下來我們必須對上述條

件進行動態研究，以準確把握其功能的重要性。

在動態研究香港經濟重要性時，我們需要從香港自身的經濟繁榮問題和香港為大東亞共榮圈的經濟發展的貢獻能力兩個方面來探討。這兩個問題是互為表裡、密不可分的兩個方面，在某種意義上相互間還存有一定的因果關係，但假使有人以香港內部經濟繁榮程度，來推斷香港為大東亞經濟的貢獻能力的話，我認為是十分危險的。

說實話，若要達到檢驗香港經濟重要性的目的，香港的自身繁榮不過是第二層面的因素。甚至可以說，即使香港的燈光熄滅、街道摧毀，只要對大東亞戰爭的完勝和經濟建設的貢獻沒有受到影響，我們依然必須承認香港的經濟重要性。因此，若對比戰前英國式街道的繁華和香港目前狀況以述說其經濟的衰敗，並由此延伸去評論香港前途的話，那不得不說是本末倒置了。如果用以往自由的生活條件和豐富的生活資料來定義英國式的香港繁榮特性，並以此為標準來批判今天東亞式的香港，更是忽略了有史以來最為嚴苛的戰時經濟形勢，而進行的肆意妄論了。

因此，所謂香港經濟的重要性，應主要從其對大東亞經濟運營的貢獻能力方面進行觀察，但其中容易產生誤解的是香港所擁有的現有商品庫存問題。之所以這樣說，是由於很多研究香港經濟地位的人士，其研究依據僅僅局限於其豐富的商品庫存時至今日已然消耗了兩年，或是想象現有商品庫存的匱乏，便認為香港的利用價值已經微乎其微了。當然，香港所持有的商品庫存，從開戰前幾年起，就成為英國悄悄積蓄軍需物資的主要來源，可以想見其數量是十分可觀的。因此不難想象，佔領香港後這些庫存將成為實施大東亞戰爭的重要支撐。雖說如此，但現在庫存並未減少到嚴重匱乏的

狀態。當然，如果只考慮一味消費而不進行補充，則也大體能夠想象物資匱乏的窘況；然而另一方面，香港本身生產的部分物資被運送出去用於支援大東亞戰爭，此外，並非全部商品庫存都是直接的軍需物資，因此通過這一點推測可知香港的物資庫存還十分可觀。雖說如此，庫存終究是庫存，一旦消耗殆盡也就徹底消失了。所謂生產性的物資消耗自然是為了以此來進行新物資的再生產，但即使如此，這一關係也難以永久持續。總之，不得不承認現有的庫存僅能滿足當前一個時期內的需求。因此，如果僅僅拘泥這一點來判斷香港經濟能力的話，就像坐吃山空的乞食者的廚房，很容易得出在不遠的將來就會出現衰竭的結論，且無論是誰去研究都將會得出這一當然之結論。然而，這一結論忽視了香港其他經濟要素的存在和其利用價值，或許可以說陷入了嚴重的誤區。

那麼應如何看待香港經濟的作用呢？答案不需要具體詳細的說明。僅僅從上述的靜態特徵究竟會對現在的大東亞戰爭和大東亞建設有多大利用價值，進而想象其可利用程度有多大，自然而然就能得出答案。同時可以說由此也能推測到，在共榮圈建設持續進行和最終完成的前提下，未來香港經濟將發揮重要作用。此外，我們還可以想象在完全不利用香港的經濟實力的情況下，此時大東亞的戰爭經濟和建設經濟運營會是個什麼狀態。因此從消極的角度來講，依然可以看到香港經濟的利用價值。何況，當看到平日裡無數大小船隻駛入駛出、船塢滿負荷運轉、各類大小工廠正常運營、礦山持續開採等等繁華景象，我們必須更積極地承認香港經濟還是能夠發揮巨大作用的。這些可利用的資源全都在為大東亞戰爭勝利和大東亞建設的持續運轉，這些事實已不用過多贅述。因此通過動態方式觀察香港經濟的重要性，也可見一斑。

再有，當我們想到香港對於未來的重要作用時，首先應當考慮的自然是香港具有近代先進的設施設備，而關於如何充分發揮其港灣能力和利用價值的問題，已然沒有必要再重複敘述了。進一步說來，我們絕對不能忽略的是香港保有的輕工業工廠以及與東南亞華僑的密切關聯。由於原料或供給的原因，在當前的香港還有很多中小規模的輕工業工廠處於休整狀態。當我們遙看缺少設施設備而具備巨大需求的香港以南區域，並慮及中國南方大陸時，就會異常期待這些要素發揮巨大作用。

而且，依據上一節所述狀況，在經濟方面華僑們對中國有著重大貢獻，所謂華僑捐款在維持中國國際收支上也具有不可忽視的重要作用。與此同時，其在南洋地區和中國的貿易關係上也佔據著非常重要的地位。他們控制著南洋各國的各類產業和金融業，同時還控制著貿易的支配權，其聯絡處大都設置在中國南部和香港。他們在香港設置的南北行、九八行和客頭就是最明顯的例子。[1]同時我們也不能忘記一個事實，即香港是華僑捐獻錢款的最大中心地。如果再考慮到這些捐獻錢款經過並集中在香港的必然性，我們就會在

1　編者按：文中所述的南北行和九八行，具同源的關係。顧名思義，南北行指經營南北兩線的貨品，南線以經營東南亞各地土產和食品為主；北線以經營中國出口貨為主，南北貿易貫通以後，漸次發展遍及全世界，整個行業仍總稱南北行。早期南北行經營的業務除了出入口貿易外，還包括銀行匯兌、保險船務等，所以出現一些代客兌貨的行號，以九八抽佣，所以從事以匯兌的南北行又稱為九八行。由於南北行的商號大多集中於上環文咸東西街，也分佈於永樂西街和高陞街，連帶匯兌的經營也集中在這些地方。至於「客頭」，初指一種專做移民生意的商人，也稱「帶客」。由於潮州人對東南亞地區比較熟悉，出洋謀生多由客頭組織偷渡，已經移民海外並站穩腳跟的海外潮人，又紛紛委託客頭引帶自己的眷屬和親友前往東南亞謀生。因此，客頭也代辦了潮州籍華僑與家鄉的函件和匯款，幾者成為混為一談的商業活動。

未來一個階段倍加期待香港的作用。

第四節　現階段及未來香港的利用價值

　　我們通過上述內容，對香港的政治、經濟重要性進行了簡要說明，隨後引發的問題是，有人批判現階段我們有沒有最大限度地利用香港的政治經濟價值。

　　當然，現在並不是利用香港價值最理想的狀態，這也受到了當下戰局的制約和多重困擾，但絕不能將此看作限定乃至否定香港價值的依據。事實上，即便是到了認同香港價值的程度，也會有人以「現階段沒有對其更好的利用方式」對香港的利用價值進行限定或否定。而一旦認識到其真實價值，就必須更進一步地努力充實利用香港的各種手段。換言之，香港未在理想狀態下被加以利用，或許正是國內外對香港的認識並不充分的佐證。本書將通過以下幾部分更為詳細地介紹香港的現狀。

　　當根據前述現實情況思索香港未來的利用方式時，香港「大東亞核心」的地位是無論如何也不能被忽視的。如果我們探討研究香港未來政治的重要性和經濟的利用價值，其作為大東亞核心自然會為整個大東亞而不斷發展。而且為實現其利用價值的不懈努力，正符合大東亞聖戰的目的，也是貫徹佔領香港的真正意義。

　　香港不斷為大東亞戰爭的勝利做出貢獻，同時積聚著極為微小的力量，在困難重重的條件下不斷建造而成的香港神社、忠靈塔、佛舍利塔三大建築，絕不是簡單裝飾，也不是與當前慘烈戰局毫無關聯的閒雜事業。如上所述，香港作為大東亞政治經濟的核心，在精神上宣揚香港今後發展理念的，正是這些神社、忠靈塔、佛塔。因此，香港這三個令人敬仰的精神支柱，將永久地引導佔領

地居民的行為方式，同時比起遙遠的海外，對於仰望此精神支柱的全東亞各民族，都能從這裡感到無限正大的光明。

第二章　歷史

第一節　英屬以前

一、關於「香港」地名的由來

香港一詞用標準中文發音是 "Hsiang Kang"、粵語的發音是 "Heung Kong"、客家話的發音是 "Hiong Kong"。英語中寫作 "Hong Kong"、日語也仿此將其寫作「香港」、讀作 "hon kon"。這與北京、西藏等地名一樣，都是英漢混淆的表現。「香港」是歷史上的新地名，但此名的由來眾說不一。在《廣東通誌》和《新安縣誌》中均沒有記載香港島這一地名，這一點從中國很少稱謂整體島嶼的習慣來看是很正常的。（康熙）《新安縣誌》（1688 年編修）第二卷〈官富司〉一章的「香港村」中紀錄的香港一詞應是最早記載。這就是在現在「元香港」（香港仔，Aberdeen）東面深水灣客家人聚落的香港圍（英文名 Little Hong Kong）。而「圍」（常被省略）一詞是廣東省特有的一種城市稱謂形式。政府所建被稱為「城」，而百姓所建被稱為「圍」。另外，沒有圍牆的被稱作「塑」，相比北方村莊，這裡多是形成堅固的同姓村落形態。

在香港仔和摩星嶺之間有一座島內最大的瀑布，水流匯集成河最終流向大海。據說這河水有一種香氣，航行在此河的船員將其

稱作香江，將河口稱作香港，但這一說法也無從考證。現在此河在香港牧場內，十分污濁，難尋此說法的蹤影，但瀑布灣這一稱謂還依然存在。如果這個瀑布就是《新安縣誌》記載的新安八景中的「鼇洋甘瀑」，那香港島部分的舊名稱為獨鼇山的說法可能就更為貼切。而且時至今日，還有人以「裙帶路」一名稱呼香港，但這本是對與本島北岸平行的山路及其東端附近的漁村（後者參見 1841年國情調查）的稱呼，後來又轉為稱呼本島北部及香港全境。這一稱謂主要在香港的客家人中間使用，稱為 "Kiuntailou"。葡萄牙人關於香港水域的記述可以追溯到十六世紀初，英國人的記述則從十七世紀末開始，香港島這一名稱是由東印度公司水域測量師 Captain J. Horsburgh 提出的，此人曾於 1806 年至 1819 年期間對中國沿岸進行過測量。1816 年阿默斯特被派往中國，其在途中的瀑布灣和香港灣（位於香港島和博寮洲之間）停泊一事，連同香港的名字一起被記載於世界史之上。

二、英屬以前的香港

　　在晉朝設置寶安縣後，一直到明代該地區都先後在東莞、增城、東莞各縣、東莞守禦千戶所、南頭城、新安縣的治下，清代時先後劃歸東莞縣與新安縣（民國以後稱為寶安縣）管理。明代初期，在該地設置官富場（即後來的九龍城），直到 1810 年建成九龍寨（所謂九龍城，其最近的城牆建於 1856 年）。[2] 在出土的史前

2　編者按：這裡所述的 1810 年建築物，嚴格而言叫「九龍臺」。明代萬曆元年（1573 年）新安建縣以來，為防止倭寇的侵擾，在該縣各地設汛地防守，香港地區的佛堂門、屯門、急水門、赤灣、九龍皆有設汛防衛。及至清初對付南方寇盜及臺灣鄭氏政權，除命令沿海村落內遷五十里以外，更以大

時代考古文物中也能夠多少了解一些，這些大都是漢族之外的南海民族的所屬之物。新界的屯門（之後的青山）作為廣東與阿拉伯之間的要地，在《新唐書》地理誌中就有記載，在韓愈的詩中也有過體現。九龍的宋皇臺是當地唯一的古跡，據說是南宋末期被蒙古驅逐的端宗皇帝（帝昰）和其後帝昺的休息地，但昭和十八年（1943年）時，為擴建飛機場而正在被轉移。在宋朝皇室南下的同時，該地區也被載入中國歷史，就像文天祥的《過零丁洋》一樣十分著名。這裡從元朝到明朝都是海賊、倭寇橫行之地，進入明代後，相比東莞縣，良民大都移居到了九龍半島及香港島，他們作為當地民族形成各個聚落。其中最大的聚落即是被看做香港所有者的鄧氏家族。[3] 稍晚一些時候，來自廣東東北部的客家移民來到香港並有所發

鵬灣作為新安縣治中最重要的軍事政治中心，而九龍臺則是大鵬寨領屬下一個軍事要站，功能如一座烽火臺，用以瞭望鎮守整個水域。當中設「把總」一名，領導兵丁 73 名，其後，朝廷將佛堂門炮臺移建於九龍臺後，此地便有了炮臺鎮守。1839 年 5 月，鴉片戰爭爆發之先，林則徐把駐守大鵬灣的軍火與水師船遷調到九龍臺駐守，將該地升格為「九龍寨」，以防英國船艦侵擾。鑒於中英雙方對峙海上，九龍並無城垣衛署，難以固守，於是又在九龍半島南端尖沙咀東南及西北地區，建造尖沙咀和官涌兩炮臺，派兵駐守。1843 年，港島被英國割佔不久，清政府將新安縣官富巡檢司改為九龍巡檢司，專司檢查來往中國船隻牌照及海關稅單。新巡檢司管轄的 7 個大鄉中，便包括今天的九龍、新界及深圳部分地區。1846 年，兩廣總督耆英奏請在九龍地方建立城池駐守，在粵官和地方官紳捐款下，再覓新地建置寨城。翌年，城寬 220 米、長 119 米、高 6 米的「九龍寨城」峻工，由大鵬協水師副將率兵 150 名駐防，遺址即今天的「九龍寨城公園」。參閱魯金：《九龍城寨史話》〔香港：三聯書店（香港）有限公司，1988 年〕，頁 1—23；趙雨樂、鍾寶賢：《龍城樂善：早期九龍城與樂善堂研究》（香港：衛奕信勳爵文物信託基金，2000 年），頁 12—15。

3　現在香港汽車運送公司的董事鄧肇堅先生即是這一家族的族首。上一代的鄧志昂因捐贈建造香港大學中文學院而為人所知。

展。第三類移民則是來自潮汕地區的福佬族（也寫作鶴佬族、學佬族），各自有著不同的語言和習俗。此外還有部分在水上生活的蜑民。這是近代的產物，但也作為一個種族被吸納進來。

據葡萄牙人 Jorge Alvares 所說，1514 年最早在中國設立的葡萄牙據點 Tamao 即是明代屯門的諧音。據最近的研究表明，這個位置就是現在的伶仃島。這個地方比澳門的建設早了 40 年。到了 1521 年，葡萄牙人在九逕山被廣東海道副使汪鋐殲滅。十七世紀初期荷蘭人在大澳島被葡萄牙艦隊打敗，又在佛堂門被中國人擊敗，其奪取香港之企圖最終沒有得逞。清朝初期以來，這裡再次成為海賊、走私盛行之地。

附記：有一本作為香港鄉土史的書，為許地山《香港與九龍租借地史地探略》（記載廣東文物、百年商業和相關記載，民國三十年）。S. F. Balfour, *Hong Kong before the British*.（T'ien Hsia Monthly, Vol.XI 和單行本 1941 年）。

第二節　英屬香港史

現在總督府廣場前張貼的總督告諭的第一句即是「香港乃英國積年盤桓於此榨取東洋之據點、侵犯東亞物質文明之中樞」。而英屬香港的歷史正是榨取東洋的歷史，以下就簡要介紹一下英國在佔據香港近百年的時間裡壓榨東洋的種種罪行。

一、英國佔領香港

作為珠江三角洲要衝的廣州，自三國時代以來就是嶺南一帶的中心，也是南海貿易的根據地。與其狀況相同的澳門在十六世

以來就成為葡萄牙人的殖民地，而後出現於中國海域的英國不得不將廈門、臺灣、舟山、廣州等地開拓成交換貿易的據點。英國依託廣州進行貿易主要是自 1710 年至後來的鴉片戰爭之間，總計 130 年左右，這段時間被稱為英清廣東貿易時代。也即英國方面通過東印度公司，清朝方面通過廣州公行作為各自的代表組織進行貿易，前者是英國資本主義勢力的先鋒，是積累原始商業資本的主要力量，而後者一方面發揮著阻擋外國資本主義勢力東進的壁壘作用，同時還是為清朝腐敗官僚提供利益並從外國獲取利益的衙門機關。二者時而合作、時而抗爭，在廣州十三行這一彈丸之地，東西兩大國家不斷擦出火花。

這種狀態當然不能滿足英國資本主義的蓬勃發展，更何況十八世紀中葉在英國發生的產業革命，以驚天動地之勢影響了全歐洲地區，特別是在英國內部政治經濟社會各個領域掀起了一股革命新風。更為重要的是，十八世紀末美國獨立，這些商人脫離了英國東印度公司，成為完全自由的商人，進入廣東貿易市場，緊隨英國成為第二股勢力。時至今日，英國內部由於大產業興起而出現的資產階級勢力不斷增強，而外部又由於與美國的競爭，已經很難像從前一樣，透過利用一個公司達到貿易獨佔的狀態，需適應新的形勢。英國將自由競爭和自由貿易定為基本國策，在過去兩百多年中為英國資本制度發揮巨大推動力的東印度公司，長久以來掌握著對華貿易獨佔權，到 1834 年 4 月 22 日才被徹底廢止。產業革命後，英國大工廠生產的棉製品大量販賣至印度，並作為第三種利器將矛頭指向中國。

目前，印度支那為購買英國製品，不得不利用鴉片從中國換取所需的白銀。英國利用鴉片對東亞的罪惡行徑就這樣開始了。

惡毒的鴉片殘忍地破壞著古老的大清帝國長城，其威力絲毫不亞於英國猛烈的炮火。1823 年，鴉片的對華輸出額已超過棉花、棉製品。進入自由貿易時代後，其額度更是大幅增加，到了 1837 年，前者的對華輸出額已是後者的兩倍半。另外，上百年來均保持白銀順差的清政府，於 1827 年轉變為白銀逆差。已實現普及田賦銀納化的華南及其沿海地區的人民生活蒙受巨大打擊，而清政府不得不認真面對鴉片帶來的嚴峻問題。不久，林則徐被派往廣東。而在英國看來，其對華貿易的發展程度仍舊與其所期待的相去甚遠。因此，英國大張旗鼓地謀求對產業革命之後諸類轉變、統治印度支那的各類矛盾，以及對清貿易的各種困難的總清算，並對清政府發動了天人共憤、毫無出師之名的鴉片戰爭。

在前述阿默斯特之後作為對清使節，並作為第一任駐華商務總監而進入廣東的律勞卑，在給外交大臣格雷的書信中建議佔領香港島。這正好是 1834 年 8 月 21 日他們與廣東官員們產生外交紛爭之時的事情。十九世紀三十年代的香港，作為鴉片走私地、英國人避難地，以及英清衝突地，乃至作為鴉片戰爭前的英清交戰地而廣為人知。

1841 年 1 月 20 日的鴉片戰爭中，依據琦善和義律私自簽訂的《穿鼻草約》，香港島被割讓給了英國（該條約隨後被廢止，再次經過戰爭後，依據 1842 年 8 月 29 日簽訂的《南京條約》正式決定把香港割讓給英國，1843 年香港成為英國直轄殖民地）。同年 1 月 26 日，海軍準將伯麥（Gordon Bremer）在太平山（即後來的維多利亞城）腳下登陸並插上了英聯邦國旗。這一天被定為英屬香港施政紀念日。而後直至昭和十六年十二月二十五日英香港總督向我國宣佈無條件投降，共 100 年零 11 個月。在此期間，英國

對香港殖民地統治的歷史僅限於大興土木、整飭稅制、擊退海盜以及整治衛生教育，不過是對世界史內容的簡單重複。但是，當時的香港作為英清兩國的重要聯絡點，發揮了重要作用，這段歷史具有重要意義，尤其是被佔領後的 25 年建設期間和投降我國之前的 4 年間。這百年歷史史無前例地被劃分為兩個歷史階段。

二、1841 年至 1865 年

鴉片戰爭從字面上理解，不過是因鴉片而引起的戰爭，也就是商業戰爭。因此，對當時的英國政府來說，割讓香港島並不是必須條件。強行推行割讓政策是由於義律的獨斷專行。他因在多個方面的獨斷專行和主觀上對華的人道主義觀念而不受英國政府的信任，於半年後被遣返回國。自此至 1858 年的這段時間裡，在英國內部和香港商人中間，香港島的割讓失敗論被反復提出。以產生的各種困難為出發點，香港在不斷克服困難中持續發展。當地高層的建築主要是以獲取據點、建設經營點為目的。這被認為是英聯邦殖民政策的一種形式，而利用像香港這樣的彈丸之地以對抗中國全境的情況，並不多見。

若非如此，當年盡是突兀山石且寸草不生的一座孤島，25 年後變成一座繁華大都市的巨大財富是從何而來呢？這絕然不是由香港自身資源產生出來的，而是從中國特別是中國南部，通過鴉片貿易和廉價勞動貿易創造而來的。英國通過鴉片戰爭取得的勝利即是獲得了鴉片買賣的自由，自由港香港的誕生同時也象徵著罪惡自由化的興起。在英國、印度支那和中國的英國商人大聲叫囂著時機成熟，將印度支那對華鴉片出口從 1842 年的 3 萬箱，大幅增加至 1854 年的 7 萬箱。另外，其他的進出口貿易額也有大幅增加。清

政府的白銀不斷流出，僅 1840 年代就有 1.5 億兩。因戰前準備而導致的民不聊生進一步惡化，農民階層中的土地流失、流浪乞討、反抗叛亂急劇增加，而清政府戰後的財政空虛導致無限繁重的苛捐雜稅日益繁多。在突然給印度支那和香港帶來巨大財富的同時，中國南部沿海的農村也湧現大量貧困難民。失去土地的一部分農民被趕到海上，成為純水上生活者和疍民，他們之中的大部分人逐漸失去民族意識而成為英國的爪牙，為走私鴉片和建設香港而出賣勞力，還有一部分成為海盜劫匪，而其中的進步分子則像太平天國那樣掀起民族反抗侵略運動，更有一部分變成奴隸被販賣到海外。變成奴隸的這些人被完全視為貨物。農民們由於鴉片貿易失去土地，更有甚者，農民本身也成為奴隸而被販賣。1849 年以後香港因此又獲得了第二次財富。恰恰在此時，在加利福尼亞和澳大利亞發現了金礦，與此同時，馬來亞、南美、西印度等地的開發也在進行中，因此販賣華人奴隸勞工之勢態空前繁盛。據說僅 1851 年一年從香港向加州運送華人勞工的香港船舶就有 44 艘，勞工販賣獲利高達 150 萬元。這樣創造出的香港財富，實際上從山頂到海岸邊盡是英國沾滿鮮血的罪惡象徵。

在這個時期，以香港為中心進行掠奪貿易的商人們，例如渣甸、顛地、沙遜，盡是東印度公司經濟獨佔被廢止以後稱霸中國海域的「富商」（皇家商人），懸掛著海盜帆的貿易船主要是鴉片船（1830—1850 年）、美國 T 船（1846—1860 年）、英國 T 船（1850—1875 年）。麼地（Mody）、芝治寶（Jejeebhoy）、塔塔（Tata）等印度支那商人也在這一時期穩固了地盤。開拓期的英國人的特徵，即貫穿香港整個建設期之內，英國商人與英國官員之間，以及英國官員與清政府官員之間的紛爭從未停止過。

對香港建設居功至偉的掠奪貿易，僅靠掠奪是難以長久的。早在 1860 年左右，當地商人就敏銳地發現香港貿易已經到達極限，而且發現曾經為叩開古老中國門戶發揮強大先驅力量的鴉片貿易，如今已成為對華出口英國製造的棉製品及毛織物的最大障礙。英國本國的產業資本家對此大加非議。

　　此時，英國政府為了進一步取得貿易優勢，於 1858 年和 1860 年兩次以香港為據點，對清政府治下的中國再次進行了侵略，簽訂了《天津條約》和《北京條約》，並在條約上確認了鴉片貿易和勞力販賣貿易的合法性，而後又將英中的談判中心轉移到了上海，甚至於 1861 年由英國人李泰國出任海關總稅務司。英國的對華勢力得到進一步增強，但與此同時卻是對香港走私貿易中心的當頭一棒。

　　對於上述英國以香港為殖民根據地進行的瘋狂掠奪發展，中國 4 億民眾絕對不會束手就擒。從 1850 年至 1864 年在華南地區蓬勃興起的太平天國運動即是其最佳代表。特別是在其末期的 1860 年代，專門將英國作為頭號敵人。而且，此時在沿海各地還興起了三合會叛亂。從更廣闊的東亞全域範圍看，1857 年以後的印度士兵起義、1873 年馬來亞騷亂激化以及日本幕府末期騷亂，使英國不得不為東亞人民史無前例的反抗而感到震驚。當然蓬勃發展的抗英運動在香港也有所體現，向來被認為順從聽話的當地民眾也被集結了起來。1844 年因反對人頭稅而召開的民眾大會和三千華人離港、1854 年太平軍攻陷九龍城、1857 年英國四百名官員麵包中毒事件、1862 年碼頭裝卸工登記反對罷工、1864 年馬來人與士兵警察衝突等，即是其表現。

　　終於，當英聯邦驚訝於東亞各民族的瘋狂反抗，並苦惱於因

鴉片貿易矛盾導致香港統治弱化之時，美國開始開拓太平洋航路，俄國經歷了克里米亞戰爭後也開始了太平洋海域的經營。因此，英國趁著 1860 年代本國工業重心由輕工業轉向重工業的時機，不得不謀求與美俄兩國在中國市場的勢力平衡，並停止了以香港為據點的對華掠奪貿易。成為導火索的即是 1857 年的英國經濟危機和隨後 1866 年孟買經濟危機所引起的 1865—1869 年香港商業不景氣。據此英國商業巨頭一改其往日的強硬性格（一部分消失了，一部分轉為沿岸航運公司和商業公司，還有一部分轉移到了海上），鴉片貿易和勞工販賣貿易（後者由於 1875 年澳門的禁止令而徹底終結）失去了其重要性，香港的對華經濟獨佔形勢也徹底終結。香港商工會議所將這一時期稱作對華政策退卻期。同時在政治方面，過去二十多年以來的香港總督、駐華全權大使、駐華商務總監、在華及在日最高法院法官的四位一體體制就此廢止，總督開始專職統治香港，其他職權均轉移至上海或北京。充斥著喧囂、罪惡與矛盾的 25 年香港建設周期就這樣結束了。而 1865 年正是香港街道規劃建設基本完成的年份，作為侵略先驅者的最後一任總督羅便臣同年期滿回國，在利用磚瓦建成一座大理石般的香港後榮耀地離開。

三、1865 年至 1920 年

　　歷經英國百年統治的香港，被定性為中轉港口貿易集散地。但此前賴以生存的財富已經終結，在此之後只能作為中轉自由港依靠上層及周轉數量而謀求發展的命運。1863 年統一貨幣、1865 年香港實現最初的公司登記（沿岸航運公司、船塢公司）、1866 年設立香港上海銀行（重要職位由部分印度支那人擔任），當地高層運營架構設置就此完成，後來的 1868 年成立了由 Wassiamull

Assomull & Co. 設立的印度支那人聯合商社，這宣示著新時代的到來。豪商的沒落和轉型重新使買辦階層有所抬頭，並確立了「香港上層－各類公司－買辦」的大三角關係網。蘇伊士運河開通、蒸汽船的出現、海底電纜的舖設替代了帆船時代，大大縮短了上海至倫敦間的距離，同時也日益增強了香港的中轉港地位。在政治上則採用候補官員制度，並設置了與馬來亞類似的中國事務秘書處（即後來的華人政務司署），使統治進入正常軌道。

其後 30 年間，貿易商品的構成發生一定變化，針對從甲午戰爭前新興德國和戰後日本的商品進出口，香港不遺餘力地變換其對策。[4] 此外，還有一個不應忽視的事件，即在 1889 年，也就是列強開始對華資本輸出的 6 年前，香港早早就設置了商社。後來在產業經濟方面一進一退，利用之前大戰中的經濟景氣期，香港在發展本地商社外，還成為英國及第三國聯合企業的基地，而且本地製造業者還親自參與其製品貿易，同時華人企業也如雨後春筍般出現。不過，香港作為中轉港的定位並未發生改變。

在此期間，華人方面的小規模反英運動仍斷斷續續進行著，但規模最大的一次當屬 1899 年的大埔・錦田事件。1898 年《北京條約》明確了將新界租借給英國，結果於次年 1899 年 4 月在新界舉行升掛英聯邦國旗儀式之時，反英氣氛高漲的附近地區有約 2,600 多名華人團結起來，與英國士兵展開激烈鬥爭。雖然僅僅數日就被英軍武力鎮壓了，但此壯舉正好成為了義和團（1900 年）的前奏。辰丸事件、辛亥革命、五四運動等均對香港產生了不同程

4　港英政府組建了香港經濟（貿易）調查委員會，在 1896 年、1920 年、1934－1935 年 3 次對經濟情況進行了調查。

度的影響。我們也不能忘記捐助革命的許多日本仁人志士是如何在香港大顯身手的。

四、1920 年至 1931 年

二十世紀二十年代，香港經濟異常低迷，這與英國對華貿易的衰退有著直接關係，在之前大戰中的發達產業並未使香港的地位得到相應提升。而香港增添的烙印卻是戰後經濟不景氣以及華人不斷的反英、抗英運動。此外，1922 年發生的海員大罷工，使海員代表一躍成為中華民族解放的英雄人物。而 1925 — 1926 年在廣州、香港發生的抗英罷工 —— 省港大罷工從根本上觸動了英國對香港的統治。也正是在 1925 年接連發生的上海五卅慘案（英國警察殘殺華人）、廣東六二三沙基慘案（英屬印度支那軍人殘殺華人），使得香港 70 萬華人團結一致，與英國人徹底斷絕一切交往，10 萬華人和學生離開香港，導致香港作為殖民地的作用全部被迫暫停。「香港」的街道四處衰敗，變成「臭港」。在英屬香港的百年歷史中，這是中華民族唯一一次發動自身實力抵制英國侵略的特殊案例。這時組織罷工的骨幹分子後來成為北伐軍的基層幹部，而且當時汪精衛以下的優秀分子從廣東發出大量指示，而這些人後來則成為了中國的領導階層。這些事實也真實地反映英屬香港和中國內地之間的關係。

五、1931 年至 1937 年

九一八事變直接導致了香港的排日運動和抵制日貨運動，但除此之外的影響微乎其微，而英國最終只是在一旁觀望事態發展，並不想火中取栗。南京國民政府成立以後，英國基本上放棄了傳統的武力政策，更於 1935 年以後針對中國的建設和統一，積極致力

於親華政策和展開日英合作的對華經濟援助。雖然日英合作最終沒有成功，但親華政策使其實現了 1935 年的法幣改革，也算得到了豐碩成果。此時的英國始終將南京政府和中國統一作為其主要目標，並沒有像 1920 年代時那樣與西南軍閥合作。[5] 英國赫蒙德、李滋羅斯、卡庫帕德里克等三次派遣特使均是英國政府直接對中國政府進行的，與香港沒有任何直接關係。英國所秉持的新政策都是建立在本國根基穩固的金融資本之上的，而以香港上海銀行為代表的在華銀行資本導致了其軟弱多元的政治性格。從政治借款到經濟借款，更於一夜之間促成中國幣制改革，使其貨幣與英鎊掛鈎。這是英國 1935—1936 年賴以炫耀的勝利，也是對作為銀行基地的香港（以及上海）地位的再確認。[6]

附記：國民政府的農業建設中最鮮明的政策是合作社改革，但 1934 年對香港合作社制度進行調查的 CF 斯特瑞朗德為中國的農業合作社改革提供了較大參考。這也體現了英國充分利用香港殖民地的大致構想。

在觀察香港貿易時能夠發現，在中日戰爭前的進口貨物中，

5　1936 年秋，粵系軍閥陳濟棠失敗後，蔣介石曾視察廣東，期間香港總督郝德傑親自在廣東正式會見了蔣介石，粵漢鐵路的開通進一步實現了廣東中央管理。但直至中日戰爭，粵漢—廣九鐵路聯絡線都沒能鋪設完畢，未能實現聯通香港和長江中部的願望。

6　香港滙豐銀行總部在香港，英國其他在華發展銀行總部也都在香港或上海，與其形成鮮明對照的是，日本在華發展銀行（包括半官方和民間性質銀行）的實際總部大都設置在東京或大阪。

用於本地消費（包含在港加工製品和預期進口貨物）的進口貨物佔
1/3；出口貨物中，1/10 為本地製品，因此香港仍是中國商品出口歐
美、南洋及歐美商品出口中國及南洋的中轉貿易港口。而且其貿易
額從 1920 年最高的 2 億英鎊逐漸滑落至 1936 年的 5,000 萬英鎊。
其出現的貿易疲軟伴隨著白銀問題愈發嚴重，英政府無法置之不
理，於 1934 年成立了著名的經濟委員會。[7] 其結果是謀求促進香港中
轉貿易，實現廣東、香港的一體化發展，同時也致力於擴大香港本
地貿易。由於 1929 年的世界經濟危機，加之身處經濟蕭條時期，英
國於 1932 年召開了渥太華會議，香港也參與了決議制定，在後來的
帝國主義資源利用和「帝國特惠制」中也分到一杯羹。經濟委員會
後期也提倡促進工業，而二十年代至三十年代期間得到較大發展的
僅僅是華人工作，而且工業的大爆發也是中日戰爭之後的事情了。

　　1929 年經濟危機後，白銀匯率暴跌，隨後又出現暴漲，導致
堅持銀本位的香港和中國同樣受匯率動盪的困擾。1935 年 11 月 4
日，國民政府實施法幣改革，緊接著於同年 11 月 6 日，廣東省（當
時已處於半獨立狀態）實施貨幣改革。香港也於 11 月 9 日開始實施
貨幣改革，其改革內容主要是禁止白銀輸出、白銀公有化和設立外
匯資金等。這也是針對覆蓋全中國的貨幣改革，所進行的維護香港
殖民地地位的工作。在華南一帶港幣流通依然盛行，而中央法幣在
華南的滲透卻十分遲緩，從此處也能夠看出英國對華政策的多面性。

　　1936 年英國對香港的投資涉及 69 家企業，投入資本約 1.5 億

7　1934—1935 年該委員會的報告指出一般認為香港經濟是最便利的。今
後也不會有哪個區域與之相提並論，臺灣總督府外事科將其放在南中國和南
洋調查二三三輯和熱帶產業調查會叢書三號抄譯出版。

港幣，利用總資本約 13.5 億港幣。歐洲人的工業投資額在 1920 年以後並沒有增加，而華人工業投資額從 1920 年的 1,700 萬港幣，猛增至 1934 年的 5,100 萬港幣，而且在中日戰爭之前，南洋華僑的對華捐贈資金有大概六成是通過香港流入的。

第三節　大東亞戰爭前的香港

從 1937 年中日戰爭爆發開始，1938 年皇軍從上海登陸、1939 年第二次世界大戰爆發、1940 年德意日三國建立同盟，及至 1941 年大東亞戰爭爆發。這 4 年對香港來說可謂既是多難之秋，又是光彩奪目的一個時期。香港最初僅是英國的援蔣基地，隨著世界大戰爆發，其又變成英國的後方支援基地，最後又成為英美中荷對日包圍圈的重要一環，不斷變換著角色。下面主要記述了香港在大東亞戰爭開始前的情況和狀態。

一、香港在國際關係中的角色

中日戰爭爆發的同時，日英關係也隨之極度惡化。此後的 4 年間，一方面英國始終堅持援蔣抗日的對華政策，但另一方面，見機行事、敏銳狡猾的英國又常常到日本進行綏靖談判。早在 1938 年，英國就同意將上海海關稅收管理權由滙豐銀行轉交給正金銀行，並於同年 7 月—9 月促成宇桓・克萊齊會談，而在這期間香港通過廣九、粵漢鐵路（還包含珠江水路運輸和 1937 年開通的廣九公路）充分發揮著最大援蔣輸血站的作用。上海一直以來的貿易地位轉移至香港，1938 年上半年中國主要進出口貿易（除去武器及其他走私貿易）的頭號競爭對手便是香港，1938 年 1 月九龍海關的進口額甚至佔據了全中國的 45%。中國方面向九龍、新界遷廠的

龐大計劃也是在這個時候制定的。1938 年 7 月，時任香港總督的羅富國對廣東進行非正式訪問，同年 8、9 月廣東省政府主席吳鐵城也對香港進行了非正式訪問。

然而，1938 年 10 月，戰爭進一步擴大，日軍佔領廣東，援蔣基地香港受到重創，隨著慕尼黑會議上英國話語權的喪失，愈發感受到香港命脈將被大大削弱。但是香港並未因此而衰落，不可否認其作為英國積極對蔣援助的基地，在戰爭中發揮著重要經濟作用。1938 年 11 月日本公佈東亞新秩序宣言，英國緊隨其後實施的對蔣借款和法幣援助政策，則將香港視為阻礙東亞新秩序的據點。而且在此期間，代替粵漢鐵路運輸線的是情況不穩定且規模較小的法屬印度支那—澳門—廣州灣運輸線和香港—韶關之間的走私運輸線。資料顯示，除去走私貿易，香港對華、對印、對廣州灣和對澳門的貿易額從 1938 年的 4.75 億港幣，於 1939 年增加至 5.56 億港幣（1939 年的大宗物價相比 1938 年還略有下降）。而且，在 1939 年度，海南島、汕頭、北海、南寧等地也歸於我軍手中。而 1939 年夏天舉行的有田—克萊齊會談期間，美國突然撕毀了《美日通商航海條約》，我軍決心進行九龍境內肅清戰鬥。此外，在會談決裂之前，德國和蘇聯簽訂了互不侵犯條約，世界形勢發生突變。

英德開戰同時，香港也於 1939 年 9 月 3 日對德宣戰，發佈了一系列戰時金融經濟制度，導致後來香港自由港性質發生突變，成為英國本土的後方軍需品供給地和對敵封鎖區。戰時經濟制度在同年 12 月調整完畢，但直到 1941 年實施對日資產凍結的 1 年零 7 個月的時間裡，香港仍保留著其自由港的性質，在英鎊體系外謀求著自由貿易帶來的利益。與此同時，還緊盯著港幣兌換英鎊價格，

嚴格限制英鎊經由香港流出。雖然英國對香港政策的兩面性，使得其自身存在諸多矛盾，但香港也在這些矛盾中確保了自身命脈的安全。1939 年 10 月，我軍攻陷中山縣，香港一部分糧油供給陷入困難，但同年底我軍宣佈開放珠江，並下令英國撤出在中國寶安境內的駐紮部隊。由此香港的片面對日妥協基本成功，部分省港貿易也於 1940 年春天重新開放。

進入 1940 年後，英國大幅削減了對蔣借款，而美國對華援助卻突然活躍起來。中日戰爭以後衰退的日本與香港貿易也在這一階段逐漸恢復。1938 年日本與香港之間的貿易額為 2,200 萬港幣，1939 年則增加至 3,400 萬港幣。雖然不及 1937 年的 7,800 萬港幣，但應當看到華人採購日本經由香港獲得的海外貨物和華南特殊礦產的熱情在不斷增加，而且存在物資短缺問題的華人商社也與日本建立了聯繫。[8]

1940 年 6 月，歐洲戰場上的法國無條件投降，迫使英國做出進一步退讓。而同月我軍在九龍境內實施了肅清戰鬥，我軍向印度支那（包括廣州灣）派出監視團，同年 7 月 18 日之後 3 個月的時間內英國關閉了緬甸運輸線（武器、彈藥、卡車、石油、鐵路建設材料五種），這是其對日妥協的最顯著表現。同時香港也於 1939

8　但是日本香港之間的貿易出現面向香港創匯物資引起的日元逆差、軍票擔保的物資轉入香港以及日本物資從重慶流出等弊端，最終於 1940 年 5 月由日本方面做出限制。作為援蔣基地的香港也向日本提供了大量貿易利益，這也彰顯了香港貿易的兩面性。香港向重慶方面出口的商品主要是鎢礦、銻礦、錫礦、茶葉、桐油和豬鬃等，但 1939 年 12 月香港出口 99% 的鎢礦（約 84 萬港幣、3,521 擔）都流入日本，而且在國際關係緊張的 1941 年 3 月，仍有 23%（約 50 萬港幣、1,420 擔）出口至日本。1939 年我國就考慮以廣東為基地經由香港來實現外匯創收。

年 1 月起徹底執行香日約定中關於對華武器彈藥禁運的約定，並嚴禁通過香港外水域及其境內運送上述五種物資。由於這一禁令未設置期限，在後來緬甸運輸線再次開通時，香港政府要員聲明由於沒有進行外交交涉，無意重啟香港運輸線。在此之後，日軍逐漸對中國沿岸實施全面封鎖，7 月份封鎖了寧波、溫州，8 月份封鎖了浙江和福建全部港灣。這時第三國的對華貿易途徑日益縮小，但香港 1940 年度的對華南出口反而比 1939 年度增加了 3 倍。直到 1941 年以後，才出現了對華南地區出口銳減（可參照附表）的情況。

但是英德戰爭以來，在整個貿易層面，香港貿易還是有所滑坡的。1939 年香港的貿易總額為 11 億港幣，1940 年為 14 億港幣，但由於物價增長了 35.3%，貿易總額實際上是減少了 9.2%。法國投降的當年 6 月，英國政府命令遷回在港的英籍婦孺，並向澳洲運送了 3,000 名英籍婦孺。這時在香港島的要塞工事修築正如火如荼地進行，相關措施給香港籠罩了一層烏雲，人們情緒十分低落，但與此同時卻也在肆意享樂。

1940 年 9 月，隨著日軍進駐印度支那北部，中日戰爭開始向東亞全域發展，同時由於德意日三國同盟的建立，也進一步向全世界擴散開來。隨後，日英關係繼續惡化，英國對日的妥協也日益困難，在英美合作的影響下，英國的遠東政策逐漸趨同美國。而香港對蔣援助路線的培育並未停止，日軍於同年 10 月發起雷州半島作戰、11 月發起水東（電白縣）作戰、12 月末宣佈加強中南部沿岸封鎖。由於 12 月 10 日英國原則上同意對蔣借款 1,000 萬英鎊，以最大限度利用港韶走私運輸線，而日軍決定於 1941 年 12 月徹底切斷該運輸線，並於 3 月份在雷州半島、北海以及珠江至雷州半島間等多個地方強行登陸，隨後又佔領了福州。經過數次打擊，無疑

使香港的對華貿易更加困難。

　　香港 1941 年上半期的貿易總額與前一年同期相比減少了 7.6%。如果算上物價上漲的 24.9%，則減少了 30.6%。香港茶葉、桐油、鎢礦、豬鬃等的貿易額是上一年同期的 1/4。香港作為對華中轉貿易港的作用大大降低，其只能朝著英帝國軍需供應基地的統制經濟方向發展。而且香港通過振興本地工業抑制貿易利潤降低，並通過增加與南洋和英國貿易往來，以填補對華貿易減少的空缺，這在某種程度上取得了成功。1940 年 10 月在德里召開東方經濟會議，印度、澳大利亞、紐西蘭、南非、東亞、巴勒斯坦、錫蘭、馬來亞、香港等地代表出席了會議，但根據香港代表香港大學副校長索羅斯的報告可知，英國尤其希望香港能夠在工業上充分為英聯邦造船業和印度纖維工業發揮補充作用，振興對軍需具有重要意義的纖維業、橡膠業及其他軍需品工業、器械器具工業等領域。事實上英聯邦的造船業十分繁榮。中日戰爭以後需求急劇增加的是針織品、膠鞋、織布、防毒面具、手電筒等，由於帝國特惠和英國本土的軍需品需求，以及對日本商品的抵制，直到 1941 年上半年前，香港華人小工廠的狀況都較為良好。

　　在此期間，世界形勢發生深刻變化，1941 年 4 月日蘇簽訂中立條約，6 月蘇德戰爭爆發，同年 7 月 25 日起英美兩國對日對華實施資產凍結，翌日的 26 日《日英通商航海條約》廢止，28 日日軍進駐印度支那南部。8 月 1 日起香港被納入英鎊體系，英國對香港 1939 年末以來的兩重政策就此廢止，宣告香港歷經 150 年的自由港、中轉港性質就此終結，成為英美中荷對日包圍圈中最北邊的一個環節。自那以後，同年 1 月成立的中英美三國安定基金積極致力於在上海和香港促進法幣安定和防治法幣黑市交易。以滙豐銀

行為代表的英國在香港銀行的金融城堡地位發生重大變化。其後當地工業原料有效供應突然間受到了阻礙，並不斷出現違反經濟管制事件。不用說上海，連香港對澳門的貿易往來也遭到了封鎖，其完全成為了英國的一座防禦壁壘。1941 年，英美中荷的軍事將領和政府要員開始在東亞各地頻繁會面，香港也一步步加入戰爭，逐漸強化其陸海空戰備工作，並新增加了加拿大士兵，戰爭烏雲不斷籠罩著香港。而這期間香港的英國商人與英國政府之間產生了巨大分歧。1939 — 1941 年期間，香港定例局大幅增加戰時課稅，遭到了英商的強烈反對。在香港，原本英國社會與華人社會完全是兩個世界，互不往來，但英德戰爭以來的強化統治不得不被重視檢討，以1939 年夏天鼓浪嶼事件為契機組織了第一次防空演習，期間設置了防空管理處，並動員華人編成防空隊（ARP），後又於 1941 年11 月組建了一個華人機關槍大隊。但是像這樣組建一連串的華人組織，以期待一夜之間使當地 100 多萬華人轉為向英國效忠，這從過去百年的歷史來看是完全不可能的。

二、各國貿易

　　香港與各國的貿易統計在 1940 年 3 月以後被定為秘密級（Confidential）信息，但後來我們掌握了這些數據，以下將介紹1940 年和 1941 年的相關數字，供大家參考（單位：千港元）。

對象國 （英聯邦內部）		1939 年	1940 年	1941 年 （截至 6 月）
香港	進口	81,821	123,728	87,431
	出口	106,898	160,605	118,818

英國本國	進口	39,697	46,347	17,572
	出口	22,417	39,055	17,572
澳大利亞	進口	7,125	17,684	13,229
	出口	3,917	4,707	2,442
緬甸	進口	1,035	1,997	18,132
	出口	5,343	20,508	20,252
北加里曼丹	進口	3,070	5,815	2,659
	出口	1,653	2,251	1,531
加拿大	進口	4,843	8,350	4,420
	出口	2,553	3,316	1,598
英屬馬來	進口	12,959	17,315	14,182
	出口	45,986	61,625	48,775
印度	進口	9,565	20,504	13,357
	出口	9,364	7,931	7,160

對象國 （中國及印度支那、澳門）		1939 年	1940 年	1941 年 （截至 8 月）
華北	進口	166,317	238,416	161,179
	出口	45,107	79,458	68,603
華中	進口	13,768	10,406	1,968
	出口	22,173	11,777	9,448
華南	進口	43,121	7,811	1,620
	出口	22,939	63,752	17,710
澳門	進口	32,872	24,700	23,894
	出口	45,039	50,655	57,172
廣州灣	進口	26,357	37,267	15,004
	出口	42,286	42,649	34,614

印度支那	進口	40,660	66,399	26,639
	出口	55,480	27,547	7,924
日本	進口	27,430	25,438	20,629
	出口	6,555	13,915	4,846
美國	進口	51,901	77,235	75,676
	出口	76,885	76,142	38,579
對象國 （南洋）		1939 年	1940 年	1941 年 （截至 8 月）
泰國	進口	29,884	57,004	38,677
	出口	15,493	24,780	15,621
荷屬印度	進口	39,431	61,669	54,893
	出口	15,160	15,709	13,364
菲律賓 群島	進口	2,563	5,263	6,497
	出口	11,357	12,979	6,047
對象國 （歐洲）		1939 年	1940 年	1941 年 （截至 8 月）
比利時	進口	5,865	4,854	7
	出口	1,320	14	0
法國	進口	2,633	2,103	79
	出口	7,130	2,352	0
德國	進口	13,065	106	0
	出口	12,612	0	0
總計	進口	594,199	752,739	516,297
	出口	533,385	621,752	405,732

註：金銀等不包含在以上商品貿易資料中，1940 年、1941 年的資料是將各月資料相加而來。華北是指溫州以北到滿洲國和關東州，華中是指福州以南至汕尾，華南是指廣東以西至雲南省。日本包括在外殖民地，美國包括夏威夷，馬來包括海峽殖民地和聖誕島，北加里曼丹

包括汶萊。在上表中，1940 年以後對緬甸貿易大增，以及 1940 年對華南地區（雖然實施了封鎖珠江）出口額增大等現象值得我們關注。順便提一句，根據中國方面的海關統計，香港對華出口的 73%、對華進口的 37% 都集中在重慶方面的各港口（包含九龍海關），1940 年度香港對華南出口的海關統計見下表。出口增大主要是針對重慶地區。對重慶地區（僅指香港所說的華南地區）出口從 1939 年的 6,552 千海關單位，增加至 1940 年的 39,297 千海關單位。特別是，向九龍、雷州的出口增加尤為顯著，對梧州、思茅、騰越等地的出口也有所增加。此外，1940 年度對重慶、萬縣、長沙、三都澳的出口也大大增加

從香港進口的情況表（單位：海關金單位）

重慶方面 （1940 年度）	1938 年	1939 年	1940 年
九龍	1,826,308	1,921,353	19,575,400
拱北	76,414	836,885	594,962
梧州	327,444	7,070	91,961
雷州	218,238	2,508,069	18,377,300
龍州	108	312,025	43,133
蒙自	239,951	953,817	578,750
思茅	894	4,449	13,678
騰越	3,252	4,737	10,236
佔領地方面 （1940 年度）	1938 年	1939 年	1940 年
廣州	975,650	72,343	324,088
江門	158,508	33,819	354
三水	56,967	0	0
南寧	10,927	2,534	135
瓊州	229,124	136,319	134,355
北海	51,670	149,421	7,963

三、島內產業

關於島內產業中最重要的工業狀況，前文已經進行了簡述。但是香港工業發展對外的原材料供應需求很大，僅依靠當地產出難以滿足要求。中日戰爭後人口過剩問題日益嚴重，必須採取適當對策來解決，此時想到的就是大力發展中小規模的農林牧漁業及其與之相關的新界開發。當然即使說香港所有的農業、畜牧、林業、水產等完全依靠外地供應也並不過分，因為香港本地即使略有產出，也是微乎其微的。

新界總面積為 350 平方英里，其中耕地面積為 75 平方英里，但自英國在 1900 年完成統治後沒有任何發展。1920 年和 1934—1935 年的經濟委員會也僅僅是提議發展農牧業，但最終也不了了之。1927 年以後，新界的華人鄉紳商人開始每年自發組織農業博覽會，並於 1931 年成立新界農業協會（民間組織），該協會每年從政府領取部分補助金（1940 年度，即 1940 年 1 月 1 日至 1941 年 3 月 31 日補助 2,000 港幣），除此之外，還於 1935 年得到用於實驗的部分粉嶺土地。協會的工作一開始主要是舉辦農業博覽會，1937 年以後主要是致力於農民啟蒙和引導農民參加博覽會。[9] 1940

9　編者按：1927 年以後舉辦的農業博覽會，以至 1931 年成立的新界農業協會，主要的創辦人雖多為當地鄉紳，唯不能不提此種農業指導與協助風氣，蓋受香港富豪，如何東和嘉道理家族啟蒙良多。港英政府接管新界之時，何東的友人請他買下上水金錢村側大片農地，後來那人改變主意，便改由何東買下土地，後來何東之元配夫人麥秀英在該地建設了農莊，以何東及麥秀英的名字中各取一字，命名為「東英學圃」。麥夫人把該地發展成農業示範場，並代表香港參與 1924 年在英國舉行的溫布萊展覽會，向各國參觀者展示中國種桑養蠶、抽絲剝繭的技術。到 1928 年，在港英政府協助下舉辦了「新界農業展」，為新界農民引入現代農耕技術，引以為當時自力發展的典範。戰後，「嘉道理農業輔助會」於 1951 年成立，因為戰爭而出現了大

年已有約 300 名農民（大部分是小農戶）成為協會會員。1938 年 F. 菲利斯帕斯出任園林主管後，在一定程度上推動了農林業的發展。到 1941 年，農林業制定了以下發展或相關發展計劃：①新界全域的農業於 1940 年調整完畢；②香港全域的森林調查於 1939 年完成，新界保護森林達 600 英畝；③ 1906 年制定的森林區制度規定總面積達到 80 平方英里（為新界全域的 1/5）。英德戰爭後鑒於柴價上漲，雖然計劃進行調整但還是失敗了（園林監督署因森林盜伐而實施逮捕的案件從 1939 年 9 月的 84 件增加至 10 月的 211 件）；④計劃在粉嶺和元朗之間設立農業實驗所，並計劃在 1942 年—1943 年總預算中劃撥 15 萬港元用於此建設；⑤ 1939 年某官員提出農業改善法，並由此提倡糞便肥料化，但最終並未實現；⑥由農業轉而開始重視林業。

香港全域的各類作物種植面積情況和家畜養殖情況如表格所示。養蠶、製糖也單獨列出。

關於前述農業，香港多將著力點放在品種的改良之上，而不是土地的開墾。這一時期，進行品種改良的主要是新界農業協會和美國的卡耐爾種子公司，並嘗試種植水稻（上述公司提供的改良 716 號）、桐油和甘蔗等作物。

量寡婦，內戰又導致大量難民逃難到港，這兩個龐大的群體貧困無依，嘉道理兄弟希望協助他們自力更生，設立了一個農業輔助性質的計劃，主動送贈雞、豬、牛等禽畜給窮人，且以低廉的價格售賣雞苗與雞隻給新界的農民，教他們如何飼養及繁殖，可以賴此為生，由此締造了香港農業的黃金年代。嘉道理農場最高峰時期，大約養殖了 1 萬隻雞，與現時只剩下約 1,600 — 1,800 隻之間。隨著香港社會的經濟結構性轉型，八十年代的經濟起飛後，農業遂漸次式微。

	1912 年（英畝）	1939 年（英畝）
水田（一年兩熟）及 間作一年一熟地	11,500	11,405
水田（一年兩熟）	19,000	21,968
水田（一年一熟）	2,100	2,745
甘薯	8,700	8,753
花生	2,200	2,200
甘蔗	2,100	2,100
鳳梨	500	268
果園	100	788
合計	46,200	50,227

註：上述統計未列舉蔬菜種植情況，是因為蔬菜大多被視為重要產物

	1912 年	1938 年
馬	97	636
牛	1,246	3,573
羊	/	/
山羊	140	361

註：羊和山羊均用於宰殺，只有一部分山羊由印度人用於產奶

　　1941 年人口過剩問題更加嚴重，在進入此年春天之後，香港也不得不去開墾田地。而當時，這一工作的領導管理權在衛生司署（Medical Dept.）邁德爾・蒂皮特（醫務總監），3 月 1 日成立了以其為主席的開發委員會，並選定新界的大澳島（即爛頭島、大嶼島）和西貢地區（包含西貢南部的白沙灣）作為殖民開墾地。其目

的一是減輕人口過剩問題，二是提供失業救濟和蔬菜供給，三是改善衛生問題，四是收容難民，五是提高空襲時的安全性。同時還計劃在大澳島建設監獄勞教場。同年 5 月已基本準備就緒，但由於軍費過重導致的預算不足，最終終止了該計劃，因此並未取得什麼成效。[10] 只是由惠陽商會、潮州同鄉會、中華林西河堂等同鄉團體對上述工作進行了援助。

香港的漁業仍完全是原始捕魚法，是疍民等特殊民族的主要工作，而且漁業的運營都在複雜的商業資本支配下。這就是為什麼雖然在近海一帶具有極為豐富的魚類資源，但還是常常依靠進口。唯一的近代式捕魚法，還是 1927 年以後進入香港的日本水產公司帶來的使用拖網船捕魚的方法。中日戰爭前以香港為基地的漁場主要是汕頭、廣海、海南島東岸等地，但戰爭爆發後，則僅限於領海內部了。

1936 年秋天成立的中國僑港漁民協進會（會長為謝慣生）和 1940 年設立的香港漁業研究所（隸屬香港大學生物學系）是當時的主要漁業推進機構。前者在戰爭爆發後成為重慶國民黨的救濟機關，後者原本（1938 年 12 月）由英政府計劃設置，但由於世界大

10　編者按：戰時日軍以香港人口過剩、糧食供應有限為由，把大量港人強行移離香港，部分要求歸於廣東安置。唯據真實的史料記載，被送到廣東難民營的港人，例如被禁閉於南石頭一處的香港同胞，更遭大量殺害，部分被用作化學部隊的細菌試驗對象。這些事跡，由前華南派遣軍防疫供水部長丸山茂亦親口證實，說明了其時「波 8604 部隊」約 1,200 人，在廣州市河南的南石頭難民營服役，表面是因應香港實施人口疏散政策，接收大批從香港乘船至廣州的難民，實質是進行秘密大屠殺。在 1942 年 2 月至 5 月期間，他們在難民營提供的開水和粥裡，加入大量引致食物中毒的沙門氏菌（Salmonella），令大部分香港難民發病死亡。類似的狀況只是在華日軍細菌試驗場上的冰山一角，陸續被史學家披露，揭發其戰爭暴行。

戰爆發而被迫中止，最終在香港政府的推動下設置在了香港大學內部。目前正在香港仔建設臨海實驗所。香港大學生物系的林書顏在 1938 年以後進行的香港水產業調查即是上述單位的工作之一。政府給漁業研究所的預算在 1940 年度（1940 年 1 月 1 日至 1941 年 3 月 31 日）為 2 萬港幣，1941 年度（1941 年 4 月 1 日至 1941 年 3 月 31 日）為 19 萬港幣。

據 1939 年官方統計，漁船共有 2,722 艘，投資額為 1,500 萬港幣，實際捕魚從業者不低於 4 萬人，同船人員為 2.2 萬人，魚類捕獲量總計 45 萬擔（2,700 噸），批發價格為 715 萬港幣，零售價格為 1,000 萬港幣。英德戰爭後，海鮮魚類的出口急劇減少。而當地的冷凍倉庫設備的存儲能力，與附近地區是無法相比的。此外根據中國僑港漁民協進會發表的內容，該會設立時在政府登記的漁船有 3,408 艘，而到了 1940 年 5 月竟減少到 900 艘（其中有 270 艘從事漁業工作）。

四、重慶政權與香港

在日本和中國之間爆發有史以來最大的戰爭之時，香港與上海租界一同作為中立地帶，成為一種特殊的存在。戰爭最先波及香港是由於難民的流入。當然難民大部分都是街頭露宿者和貧窮民眾，但其中也有很少一部分是所謂的百萬富翁，為了保全財產而隱居到了香港。而更為重要的是，這些富豪避難者都是當時上海（包括廣東）最為活躍的實業家。

由於華人資本的大量流入，香港財富出現大幅增長。由於戰爭爆發，華人銀行在香港開設了 6 家分店，而更多的上海銀行將活動中心轉移到了香港，甚至總部在重慶的中央、中國、交通等銀行

也將核心業務轉移至香港分行。據說由於商社和大小不一的各類工廠轉移至香港，致使此時香港的華人資本達到 6 億港幣。在國民政府統一時代，浙江財閥—蔣介石政權—上海的結合，是當時不可缺少的。但蔣介石政權遁入內地以後，浙江財閥的避難地並不是重慶，而是選擇了香港。[11] 內地殘酷的戰爭和嚴苛的戰時經濟管制，在經常把抗日掛在嘴邊的浙江商人和廣東實業家的眼裡一文不值。而且一部分重慶政府要員在香港不斷鼓吹抗日以謀取利益，被指借此大發國難財。

作為援蔣基地的香港其作用不可或缺，但是與上海租界一樣被切斷聯繫，無法成為中國抗戰經濟的一環。早在 1938 年中國方面的九龍遷廠案由於皇軍在大亞灣登陸而最終流產，但蔣介石政權無論如何也要利用這塊土地。重慶直屬的中央信託局、軍事委員會和交通部都在香港設置了採購處，政府直營的交通公司西南運輸公司、政府控制的內地土特產出口公司富華公司（主要經營對蘇聯的茶葉、絹、桐油和鎢礦等出口）、中國植物油公司（桐油出口）、中國茶葉公司（茶葉出口）和廣西省出入港貨貿易處（桐油出口）（其交換物為軍需物資）均在香港設置辦事處和營業點，中國工業合作協會香港促進社、郵匯兌匯辦事處（接受華僑資金捐贈）也設置在了香港。吳鐵城的榮記行（國民黨派在香港六大機關的總稱）和各類抗戰機關在香港辦事處也非常有名。但是香港對重慶的援助並不是為了支持中國抗戰，其最終目的仍是追逐利益，因此重慶方

11　轉移至香港的浙江著名經濟大亨有杜月笙、王曉籟、林康侯、錢永銘、貝祖貽和虞冷卿等人。虞冷卿是御用商人，1941 年春天在上海囤積大米而遭受非難，被迫來到香港。

面的強硬派都非常敵視香港。

從政治方面看，重慶和香港之間的關係也是充滿矛盾，廣東陷落及印度支那運輸線封鎖以後，重慶至香港之間的中國、歐亞兩家航空公司的定期航空線成為連接兩地最為便捷的方式，政府要員來往十分頻繁。廣東陷落第二年，國民黨在香港設立港澳總支部，吳鐵城及後來的陳策成為該機構首腦，機關報為《國民日報》。在香港設置中國總領事館的話題作為十九世紀以來的懸案，一直被談論到大東亞戰爭爆發前，但是隨著戰爭發展和形成抗日統一戰線的遲緩，在香港出現了與上述重慶同香港合作不同的聲音。香港是重慶政權自身能力難以企及的地方，這是無可辯駁的。1938 年 2 月汪精衛發出的「和平第一聲」實際上也傳到了香港，但在當地也不了了之。1938 年還發生了海員和印刷工會聯合罷工，但 1939 年之後再很少出現罷工運動。1941 年雖然有些許活躍，但卻幾乎沒有中共策劃的罷工運動。在香港居住的反蔣政治逃亡人員有宋慶齡、何香凝、陳友仁、許崇智、陳濟棠、蔡元培（1940 年病逝）、顏惠慶和暫時來港的宋子文。

從 1940 年到 1941 年初，重慶方面在內地開始對左翼和一部分右翼作家進行迫害，很多文化人和作家陸續逃亡到香港，使香港文壇突然活躍起來。在《星島日報》右翼化後，左翼的《華商報》（1941 年 4 月創刊，主編為鄒韜奮和范長江）和右翼的《光明報》（1941 年 9 月創刊，主編為梁漱溟）開始發刊，在 1941 年 10 月 10 日的《光明報》上發的《中國民主政團同盟啟示》，宣佈將要結成反蔣第三勢力，即形成由國民黨左翼、原救國會派、國家社會黨、中國青年黨組成的聯合戰線。1941 年國民黨派報紙與第三黨及左派報紙展開政治大論戰。在中日戰爭爆發的背景下，重慶

方面通過英國政府取締了香港的文化行業，其中下令禁止中共機關報《解放》及其他左翼報紙和強制關閉救國會系的生活書店的行動尤為引人注目。

從文化方面看，香港在英國佔領的百年間，在文化層面幾乎沒有任何發展。[12] 英國在全中國唯一設立的大學便是香港大學，這比之中國自身設置的大學是少之又少的。出版方面的發展也很不充分，雖然中日戰爭使香港變為一座孤島，但期間天津、上海《大公報》南遷香港，《星島日報》緊接著創刊，1939 年度的日刊中文報紙有以下 25 種：《循環日報》（1873 年創刊）、《華字日報》（1864年）、《華僑日報》（1922 年）、《工商日報》（1924 年）、《南中報》、《南強日報》（副刊 1928 年）、《南華日報》（汪派）、《工商晚報》（1931 年）、《循環晚報》（1932 年）、《珠江日報》、《天演日報》（汪派）、《自然日報》（副刊 1937 年）、《大公報》（1937 年）、《立報》（副刊一九三八 1938 年）、《星報》（1938 年）、《中國晚報》（1938年）、《星島日報》（1938 年）、《大公晚報》（1937 年）、《星島晨報》（副刊 1938 年）、《自由日報》（汪派 1939 年）、《國民日報》

12　編者按：這樣對香港百年的文化評斷是很不公道的。自 19 世紀下半葉，南來的文化人士如王韜，本地的文化精英如伍廷芳、黃勝，均在辦報上展示其高瞻遠矚的視野，成為日本以至亞洲現代化的重要參考。及後的何啟、孫中山的改革意識，同樣指導著中國的政治發展。從晚清遺老在港，到戰時中國文人逃往此地，中國傳統文化得以薪火相傳。文中提及的香港大學，前後與葉恭綽領導的文人舉辦過中國玉器展覽、廣東文物展覽。磯谷廉介進駐督府，亦對陳君葆等港大人物展示禮遇，以籠絡文化人士。日人故意貶低香港文化界，是想重新說明香港是無根之地，唯有在皇民教育下，才可產生實在的文化成果。關於個多世紀以來香港對中國文人的啟迪，參閱趙雨樂：《近代南來文人的香港印象與國族意識》〔香港：三聯書店（香港）有限公司，2016 年〕，三卷合訂本，全 302 頁。

（1939 年）。

　　由此，香港的文化出版業逐漸繁榮，抗日叢書充斥在大街小巷之中。上海租界和香港成為中日戰爭背景下的兩大出版孤島。廣東陷落後嶺南大學遷往香港，廣州大學、廣東國民大學也緊隨其後遷至香港。孤島上海隨著日本勢力的進入，逐漸取代了香港的經濟統治地位，但香港並未成為學生之鄉。

　　然而，能夠體現戰爭背景之下香港 4 年間一般狀況的卻是香港的娛樂享受方面，而不是其文化。儘管在政治上、經濟上、社會上存在諸多矛盾，大街小巷盡是貧苦百姓，人口疏散問題也日趨嚴重，而且全島都在加緊建設要塞工事，戰爭烏雲持續籠罩香港，但也許正是由於這些原因，反而使得香港城市的罪惡之花與沉溺享樂的氣氛更加濃厚。飯店、酒館、賭馬、海浴場、高爾夫等出奇的繁華，歌舞廳由於上海舞者的大量流入而不斷擴大，甚至連上海特有的職業 —— 教導社也南遷至香港。就這樣進入 1941 年之後，上海與香港這兩大娛樂之城，就伴隨著大東亞戰爭的開始而終結了其意義。

　　附記：在英國政府的年表裡，記載有 1930 年至 1941 年香港的歷史情況和相關資料情況。

　　本段敘述主要參考了小椋廣勝先生的《香港》一書，該書是唯一記述從廣東貿易時代開始到 1941 年期間香港情況的著作。

第三章　地理

第一節　位置與面積

　　香港佔領地位於南中國海北岸、珠江三角洲東岸，北緯 22°9'—22°17'、東經 113°52'—114°30'。距離廣東（廣州）91 英里，距離澳門 40 英里。距離橫濱 1,600 海里，距離新加坡 1,425 海里，在東亞共榮圈中居於中心位置。

　　香港總面積約 391 平方英里，分為香港島、九龍和新界。香港島附近的各島嶼面積總計 32 平方英里。香港島於 1842 年割讓給英國，後來英國單方面將附近各島嶼納入其領島範圍內。九龍面積為 3 平方英里，於 1860 年割讓給英國。英國單方面將昂船洲島也解釋為九龍的地界。新界是由九龍半島的大部分、香港周邊的 33 座島嶼及周邊一帶的海域組成的，總面積為 356 平方英里，1898 年 7 月 1 日期由英國租借 99 年（至 1997 年 6 月 30 日止）。新界和九龍寨城內的一般執法權仍保留在當地清政府的官府手中，但在 1899 年一同收於英國手中。此外，九龍旁邊的新界一角（15.7 平方英里）被稱為新九龍，於 1937 年劃定其界限。英政府管理時期，將領土和租借地一併納入行政區管理。

第二節　地理情況

　　當地的海岸線彎曲多變，使得香港港成為了天然的優良港灣。此處島嶼眾多，其中大嶼島（也稱大澳島、爛頭島）為第一大島，約是香港島的兩倍。全港屬丘陵地帶，最高點為新界內的大帽山（3,130 英尺），其次是大澳島的鳳凰嶺（3,065 英尺），香港島

內最高點為太平山，海拔 1,823 英尺。香港的城鎮位於香港島北部平緩傾斜的平地與填海灘地上，與九龍相望。九龍城鎮也是削平眾多小丘陵建成的。新界有數條東西走向的山嶺，北部多是沼澤地，多用於種植水稻。總之，這裡是天然優良的港灣，雖然不適合建造大城市和街道，但仍形成了繁華大都市，這都歸功於英國的辛勤經營。截至目前為止，還未見發表香港的地質有關的調查報告。在新界有 4 處礦山。

第三節　氣候與風土

　　香港氣候屬亞熱帶季風氣候，受季風影響冬季乾燥涼爽、夏季炎熱濕潤。每年 10 月至次年 4 月為東北季風期，因而初冬時最為舒適。3、4 月份由於從南面吹來暖風，濕度較大、多霧，天氣十分陰沉。5 月至 8 月為西南季風期，但風向多變。夏季雨量充沛，全年雨量的 3/4 都集中在 5 月至 9 月之間。再有 6 月至 10 月為颱風期，發生災害較多。1841 年以來的 120 年間因颱風引發的自然災害數不勝數。年平均溫度為華氏 72 度，7 月平均為華氏 82 度，2 月平均為華氏 59 度，全年很少有超過華氏 95 度或低於華氏 40 度的情況。濕度在春夏時較高，能達到 95%，但到冬季則會降至 20%。平均日照時間，最短是 3 月份，為 194 小時，最長則是 10 月份，217 小時。平均年降雨量為 2,800 毫米。

　　香港樹木較少，但由於禁止濫伐樹木，因而土地也多為繁雜樹木所遮蔽。熱帶型動植物較多，但種類並不稀有，很少能見到虎豹之類的野獸，[13] 魚類資源十分豐富。

13　編者按：據文獻記載，十九世紀以來，香港間中可見虎跡，相信是廣東

第四章　人口

第一節　香港人口的特殊性

香港人口都屬城市人口，且是在世界範圍內都難以見到的特殊人群。香港財富是如何獲取的，以及華人奴隸勞工是如何被販賣的，這些內容在本書第二章已進行了大致的介紹。英國佔領香港時，就曾有約 2,000 名疍民遷至香港，這彰顯了當地人口的特性。由於缺少土地，農民為解決溫飽而流入城市，香港即是華南一帶百姓最理想的逃難地。

但香港並不是正常吸納勞動力的工業城市。在過去百年時間之中，香港的最大特性集中在其優良的中轉港口。這是一個本身沒有再生產能力、也無法創造任何經濟價值的中轉港口，由此產生的人口集中必然是畸形的。

對於英國來說，奴隸性質的苦勞力的無限供應是最為廉價便利的，並未採取任何人口應對措施。因而允許所有中國人自由地進入香港，這一看似寬鬆的政策背後，就是任由華人餓死的英國獨特紳士思維。人口過剩、居住密集、貧窮、疾病、失業、生疏勞動，以及歸鄉或餓死都成為理所當然。香港在成為英國自由港的這百年間，據說每天都有人在高樓大廈前餓死。中國方面在香港設置領事

華南虎的一個伸延地點。日佔時期，位於堅尼地道 23 號的日本餐館「千歲花壇」，即現時的合和中心背面山坡附近，也發現老虎出現。1942 年 7 月 1 日的《香港日報》頭版以「本報特別消息」形式報道，大字標題〈市區內東大正通突現虎蹤〉、〈虎在千歲花壇天臺徘徊片刻　東區憲兵乘夜冒雨出發搜捕〉，先為該處守門的印警發現，經二十多名憲警搜索之後，「夜間細雨綿綿虎蹤已渺」，在晚上九時許收隊。

一事一直遭到英國反對，最終也未成事。另外，由於香港在英國的控制下，被排除在中國政治騷動之外，但卻允許華人富豪和逃亡政客流入香港，以實現香港的經濟繁榮。

特別是中日戰爭爆發後，華人流入狀況更加嚴重。戰爭爆發前香港的華人人口有 98 萬，而到了攻陷前已達到 100 多萬人（或者 200 萬）。[14] 其中有一部分是富商和政客，但流入者大部分是無家可歸、露宿街頭的難民。隨著戰爭推進，香港的絕對安全感也出現改變，出現愈來愈多的華人餓死或者自殺的現象，但僅靠此並不能解決實際人口問題，因此佔領當局不得不採取措施以應對人口過剩的問題。1941 年 1 月 15 日出臺移民限制條例（1940 年第 32 號），禁止華人自由進入，並開啟人口疏散運動。[15] 然而還未來得及收到任何實際效果，就遭遇了與日本的戰爭。

第二節　英屬時代的人口

在闡述日佔香港的人口情況之前，先介紹一下香港英屬時代人口增加的軌跡和情況（如下表）。香港人口從 1841 年英國佔領以後的 2,000 人，到十九世紀末的 26 萬人，再到 1941 年的 50 萬人，直到 1937 年人口已增加到上百萬人。

14　華人大量湧入香港，主要從 1937 年 8 月上海一團開始，到了 1936 年，以 5 月突襲廣東、10 月大亞灣登陸、11 月英華國境戰等三次為契機，人口流量大大增加，1940 年時更為嚴重。另外 1939 年以後由於物價飛漲、生活困難等情況，有一部分華人離開香港、返回農村。

15　人口強制疏散從 1864 年將職業乞丐轉運至廣東起，就從未間斷過。這是作為具有經濟功能的城市必然要採取的強力措施。英國和日本的指導精神是完全不同的，日本的指導精神將在後面闡述。

	華人	非華人	總計
1841 年佔領前	2,000 以下	/	/
1841 年 5 月	5,650	/	/
1842 年	12,361	/	/
1844 年	19,009	454	19,463
1850 年	31,978	1,305	33,292
1865 年	121,497	4,007	125,504
1866 年 （經濟蕭條）	111,482	3,616	115,098
1872 年	115,564	6,421	121,985
1881 年	150,690	9,721	160,402
1895 年	237,670	10,828	248,498
1896 年 （經濟蕭條和出現鼠疫）	226,710	12,709	239,419
1899 年 （義和團爆發前）	243,490	15,822	259,312
1901 年 （國情調查）	280,564	20,096	300,660
1906 年 （部分參考國情調查、含陸海軍）	307,388	21,560	329,038
1911 年	445,384	18,893	464,277
1914 年	480,594	20,710	501,304
1918 年	548,000	13,500	561,500
1921 年 4 月（國情調查）	610,368	14,798	625,166
1925 年 7 月	706,100	19,000	725,100
1926 年 12 月	691,000	19,000	710,000
1931 年 3 月（國情調查）	821,429	28,322	849,751
1933 年	902,197	20,446	922,643

1934 年	923,584	20,098	944,492
1937 年	984,400	22,096	1,006,992
1938 年	1,005,523	23,096	1,028,619
1939 年	102,645	23,611	1,050,256
1941 年 3 月 （半官方調查，除新界）	1,420,629	23,708	1,444,337

　　上述統計情況中，1939 年以前的數字均來自英政府的公開刊物，而除正式國情調查之外的數字都只是採取外插法推定的。但是，僅憑這一粗略數字，也能夠了解香港人口增加趨勢以及由於中國各大事件（太平天國、辛亥革命等）而出現的人口劇增情況。由英國政府進行的所謂人口調查是從 1871 年開始的，並在 1881 年之後每十年進行一次，於 1891 年起形成了基本模式。1901 年起將新界人口也計入其中。1941 年的國情調查被無限期延期，因而英國最後一次人口調查截止於 1931 年。[16] 而真正規範實施的國情調查只有 1911 年和 1931 年兩次。

16　這一調查報告刊登在 Report on the Census of Hong Kong on the Night of March 7, 1931 by W. J. Carrie, M.A., B.Sc., Superintendent of Census.Sessional Paper. No.5/1931. 內容分為緒論、面積、建築、居住、家庭、人口‧性別‧年齡‧婚否、出生地‧國籍、當地居住年月、教育程度、職業‧產業等。該調查重點區分職業和產業進行闡述，前者主要是由個人完成的業務、後者則是由多個個人的各種職業在某一公司或某個人領導下組織起來在某個場所實施的業務或工作。這在當地考察華人職業時，通過穩固的家庭形式和廣泛的副業來進行，被認為較為方便，但正如報告撰寫人自己所說的，並未取得明顯效果。
另外該國情調查聲稱是一份「既能用英語又能用母語讀懂」的調查，但這只是誇張其作用，甚至連問題都難以理解。

1931 年的人口情況如下表，中國人佔其中 97%，而華人男女比例與 1921 年相比大大減小（1921 年為 100 比 64，1931 年為 100 比 75），定居香港的人愈來愈多。新界人口均為農業人口，因而男女較為平均。而香港的人口始終在浮動，僅從 1936 年利用通往廣東的鐵路和船隻進行旅遊的情況來看，每天平均入港人口為 4,475 人、出港人口為 4,472 人，每天的人口變化就在 9,000 人左右。

	男性	女性	合計
香港	247,967	162,954	410,922
九龍	146,618	118,057	264,675
新界	50,147	48,758	98,905
水上	47,126	28,124	75,250
合計	491,858	357,893	849,751

1931 年從業者為 470,794 人，其中城市製造業的有 111,156 人，從事交通運輸業的有 71,264 人，從事漁業、農業的有 64,430 人，從事商業、金融業的有 97,026 人。從業者佔所有人口的 52.87%，其中男子佔 71.28%、女子佔 27.58%。而 5 歲至 13 歲（周歲）的未成年勞動者有 5,753 人。

1931 年香港華人出生地情況

	人數	佔比
香港（含九龍、新界）	270,478	32.93%
珠江三角洲	377,676	45.97%

以上兩項小計	648,154	78.90%
廣東省	534,154	65.04%
香港及廣東省	804,717	97.97%
中國其他地區	13,160	/
香港及中國其他地區	817,877	99.56%
亞洲其他地區	2,240	/
其他	1,312	/

1931 年非華人人數及民族情況

國（族）別	人數
英國人	14,366（含軍隊 7,682）
其他歐洲及美國人	2,036
歐亞混血人	837（大部分為中國國籍）
葡萄牙人	3,197（在葡萄牙本國出生的有 32 人，不含葡萄牙艦船乘員 172 人）
印度人	4,745（含軍隊 1,270 人）
日本人	2,205（含水上生活者 372 人，不含朝鮮、臺灣人）
其他	936
合計	28,322

英國最後一次人口調查是由防空管理處於 1941 年 3 月 13 日至 15 日組織進行的。

國籍	香港	九龍	水上	合計
中國人	697,674	568,955	154,000	1,420,629
英國人	5,542	2,440	0	7,982

印度人	3,342	4,037	0	7,379
歐洲人	663	2,272	0	2,935
葡萄牙人	765	2,157	0	2,922
美國人	139	257	0	396
其他	1,169	925	0	2,094
合計	709,294	581,043	154,000	1,444,337

新界人口調查並未進行，推測其人口為 19.5 萬人，以上總計約 164 萬人。考慮到此次調查約有 10% 的遺漏，因此全部人口估計接近 200 萬人。而這時露宿街頭的人口約為 2 萬人，而如果當天下雨的話，實際人數會多很多，而根據 1936 年 6 月警察司署估計，露宿街頭者約有 2.7 萬人。

第三節　日佔香港的人口情況

「曾經的香港是遊蕩閒散人員的集中地，但現在的香港則必須變成工業發達、社會發展的城市。從前已解決衣食溫飽的人們已然喪失了東洋精神，而且認為東洋精神已沒有存在必要。我們將在即將到來的昭和十九年（1944 年）繼續實施人口疏散政策。」（民國三十二年十月五日刊《華僑日報》、《香島日報》）。這是最近磯谷總督在接受華人記者團採訪時的一段講話。日佔香港施政面臨的第一大問題即是人口疏散問題。為了東亞 10 億人的解放大業，香港的經營是實現此目的的最重要一環，而要實現香港的全新建設，就要以全新理念來制定和實施人口疏散對策。

一、人口疏散

佔領香港後所面臨最嚴峻的問題之一，就是如何將香港當時

將近 200 萬人口迅速降低下來。無論從戰爭推進的角度，還是實現軍政管理順暢實施的角度，存在這龐大冗餘的人口都不是一件好事。因此軍政府制定了強硬的華人人口疏散方案，在軍政府時代（截至昭和十七年二月十九日）已經有 55.4 萬人被疏散。總督部運行後繼續延續這一政策，從總督部設置以來至昭和十八年九月末，約有 41.9 萬人離開香港，加上軍政府疏散的人口，總疏散人口達到 97.3 萬人。

昭和十八年九月末香港（香港島、九龍及新界）人口大約有 86 萬人，而將以上疏散的人口與現在的人口相加，可知佔領前香港的人口在 180 萬以上。當然被疏散人口中有一部分人又偷偷航渡返回香港，但無論如何在不到兩年時間裡疏散了 97 萬多人，使香港人口壓縮到佔領前的一半以下，這不得不說是一次政策成功。[17]

在疏散政策中，分別採取免費疏散、自費疏散、強制疏散三種措施，但無論哪一種都是針對難以為香港建設發揮實質作用或影響建設的閒散之人，迫使這些人返回家鄉。免費疏散和強制疏散主

17　編者按：按學者統計，日治政府力推「歸鄉政策」，香港人口在短短 9 個月，由淪陷初期的 160 多萬銳減至 97.5 萬多人，減幅達 42%。惟與 50 萬的指標仍有差距。迄 1943 年，因應本地糧食供應緊張，日治政府再行頒令，凡繼續留居的居民，一律須向政府申請「住民證」，並將無業者遞解出境。據資料記載，日軍就曾將乞丐、流浪者、無業遊民約 1 萬人遞解出境。時任香港大學中文學院的陳君葆教授，也曾目睹日軍憲兵在「快活谷一帶毆拿遊蕩無業人民，用貨車運走，據說送到大嶼山或沙魚涌方向去」。〔陳君葆著，謝榮滾主編：《陳君葆日記全集》，香港：商務印書館（香港）有限公司，2004 年，卷二〈1941—1949〉，頁 80〕是年下旬，香港人口已銳減至 80 萬。由此可知，在「歸鄉政策」和遞解無業遊民的措施下，香港人口迅速下滑，至 1945 年 8 月日本投降時，香港人口只有約 60 萬人。參閱周家建、張順光著：《坐困愁城：日佔香港的大眾生活》〔香港：三聯書店（香港）有限公司，2015 年〕，頁 57。

要是針對流浪者、失業者、極度貧困者等將來在香港難以生存的人們和罪犯們，採取斡旋勸說或強制的方式使其返鄉。斡旋返鄉方面，主要是通過提供住宿、飲食、旅費等方式組織人們從太平、江門、深圳三條路線返鄉。[18] 強制疏散方面，則是提供食物和盤纏，使其自行轉移至管控區之外。而且在昭和十八年末以後，強制疏散只針對特定的人群來實施。所謂自費疏散，則是離港者根據自身意願，採取自己付費的形式，或者與華人同鄉會斡旋，利用同鄉會提供的費用，離開香港。

如前所述，佔領香港以來至昭和十八年九月末，總疏散人口已超過 97.3 萬人，但其中斡旋疏散的有 57.6 萬人、強制疏散的有 1.6 萬人、自費疏散的有 38.1 萬人。自費疏散佔很大比例。

二、不同地域、國籍的人口

為考察佔領香港以後人口的演變過程，昭和十七年九月總督部就曾進行佔領後的首次戶口普查。這是以香港憲兵隊長收繳的管轄內居住人員的居住證為基礎對戶口原件進行登記，並於 9 月 4 日至 18 日的 15 天時間裡，組織戶口普查，進而整理出的人口變動情況。根據第一次戶口普查，香港（香港島、九龍、新界）的總人口為 98 萬人，其中日本人為 2,300 人、中國人為 97 萬人、外國人為 7,000 人。

第二次戶口普查始於昭和十八年五月三十一日，較第一次更為嚴格。一方面發現未在戶口原件上登記的有 37,394 人（其中出

18　軍政府時代，專門從廣東一條線來實施。從昭和十八年十一月四日起，在歸鄉路線方面又增加了淡水、神泉、海門、汕尾、甲子港、市橋、三水、石岐、汕頭等 9 條線路。

生未登記者約 1,000 人、無證居住者約 22,000 人、偷渡者約 2,666 人、其他約 12,000 人），另一方面還發現在戶口原件上有登記但實際並不存在（所謂的幽靈人口）的人口為 114,625 人（其中死亡未登記者約 3,000 人、失蹤者約 6 萬人、無證退回者約 24,000 人、重複居住者約 3,000 人、虛假證明者約 4,000 人、其他約 1 萬人）。這樣一來，關於香港人口的調查就更為準確。第二次調查的結果顯示香港（香港島、九龍、新界）總人口為 863,000 人，其中日本人 5,000 人、中國人 851,000 人、外國人 7,000 人。此外，人口統計以戶口普查為基準，輔以外插法統計，統計情況每月進行發表。眼下昭和十八年九月末的人口數量：香港島 392,000 人，九龍 376,000 人、新界 92,000 人，合計 86 萬人。其中日本人 6,000 人、中國人 847,000 人、外國人 7,000 人。第一次、第二次戶口普查和昭和十八年九月末的這次調查的人口情況如下表所示。

日佔香港的人口情況表

	第一次戶口普查（人）昭和十七年九月十八日	第二次戶口普查（人）昭和十八年五月末	昭和十八年九月末（人）現在（外插法）
一、各地區人口情況			
香港島	457,629	397,922	392,269
九龍（含水上生活者）	419,088	365,323	375,739
	(19,299)	(15,448)	(18,732)
新界	103,356	100,154	91,917
小計	980,073	863,399	859,925

上述地區之外的人口情況			
啟德島（推斷）	12,000	/	/
梅窩島（推斷）	700	526	536
長洲島（推斷）	20,000	19,102	18,736
大澳島（推斷）	8,000	8,814	9,775
坪洲島（推斷）	2,000	1,358	1,358
小計	42,700	29,800	30,405
二、不同國家的人口情況			
日本人	2,348	5,022	6,037
中國人	970,380	851,412	846,633
中國人（男）	492,748	423,111	419,945
中國人（女）	477,632	428,301	426,688
外國人	7,345	6,965	7,255
合計	980,073	863,399	859,925

　　上表所顯示的戶口普查的人口情況，應該與大米配給票（參考第三部分第六章第五節《生活必需物資配給表》）的數目相一致，因此未持有大米配給票的遊民應當被疏散出香港。

　　截至昭和十八年十一月末，已登記的外國人大約為 7,000 餘人，其中印度人和葡萄牙人佔到了 60% 以上（參照書末附錄統計情況表）。

三、人口的職業構成情況

　　在第二次戶口普查時，還對人口的職業情況進行了調查（昭和十八年五月末）。據此可知，香港總計 863,000 人中，在職者有 497,000 人（57.7%），無業者為 367,000 人（42.3%）。在這些無

業者中有 361,000 人是中國人。考慮到其中有相當一部分是在職者的家人，因此他們並不全是毫無生產力的白食者。同時在在職者中也有一部分人害怕作為無業者被疏散，而虛報職業或誇大申報。但我們暫且依此資料為依據，對香港人口的職業情況進行分類分析。

香港人口的職業分類情況表

	人口數	在職者中的佔比（％）
一、在職者	496,746	100.0
工業	65,472	13.2
農業	72,743	14.6
商業	156,531	31.5
水產業	18,478	3.7
運輸業	22,667	4.6
礦業	1,375	0.3
公務	13,842	2.8
自由職業	10,922	2.2
自由勞動	40,231	8.1
家務	53,582	10.8
其他	40,903	8.2
二、無業	366,653	/
三、合計	863,399	/

各職業的在職人數，均分為業主、從事事務人員、技術人員和勞務人員。更為詳細的情況請參照下表。

職業類別	日本人	中國人	其他外國人	合計
一、農業				
業主	6	18,871	8	18,885
從事事務人員	9	2,215	3	2,227
技術人員	3	113	0	116
勞務人員	0	51,512	3	51,515
二、水產業				
業主	8	6,069	1	6,078
從事事務人員	78	488	0	566
技術人員	9	74	0	83
勞務人員	22	11,729	0	11,751
三、礦業				
業主	5	109	0	114
從事事務人員	22	226	3	251
技術人員	8	112	1	121
勞務人員	0	887	2	889
四、工業				
業主	58	3,083	3	3,144
從事事務人員	135	9,439	17	9,591
技術人員	146	5,838	21	6,005
勞務人員	6	46,678	48	46,732
五、商業				
業主	370	46,601	164	47,135
從事事務人員	1,381	48,837	238	50,456
技術人員	15	1,770	27	1,812
勞務人員	50	56,894	184	57,128

六、運輸業				
業主	31	2,318	2	2,351
從事事務人員	318	3,288	49	3,655
技術人員	23	1,000	6	1,029
勞務人員	4	15,557	71	15,632
七、公務	281	12,726	835	13,842
八、自由職業	137	10,468	317	10,922
九、自由勞動	15	40,019	197	40,231
十、家務	81	53,385	116	53,582
十一、其他職業	147	39,708	1,048	40,903
十二、無業	1,654	361,398	3,601	366,653
合計	5,022	851,412	6,965	863,399

　　如上表，香港的在職者中人數佔比最大的是商業人口。在
總計約 497,000 人的在職者中，商業人口約為 157,000 人，佔
31.5%。其次比較多的是農業從業者約 73,000 人（14.6%）、工業
從業者約 65,000 人（13.2%）、從事家務人員（保姆、跑堂）也有
約 54,000 人（10.8%）。這也在一定程度上體現了香港作為貿易商
業城市以及作為消費城市的特點。

　　再者，這份人口職業情況表並未進行任何改動，完全是根據
原始資料整理出來的。觀察該表中的商業一欄可知，在商業從業者
中，業主有 47,000 餘人、從事事務人員有 50,000 餘人、勞務人員
有 57,000 餘人，還存在很多小規模商業從業者，此外，小工業者
的數量也不少。

第五章　政治

第一節　軍政方針

　　昭和十六年十二月二十五日，日軍佔領香港全境，二十六日就成立了日本軍政府，並在香港發佈軍政令。昭和十七年一月十九日，決定在香港設置佔領地總督部，香港佔領地首任總督由陸軍中將磯谷廉介擔任。二月二十日，隨著磯谷廉介出任總督，佔領地總督部也正式開始對香港實施軍政管理，並一直進行到今天。[19]

　　從磯谷總督就任時發佈的「告諭」中能夠清晰了解香港佔領地總督部的軍政方針。「告諭」全文已在本書最開始部分全文展示出來，像其中所公佈的那樣，香港的統治和建設要以「傾盡全力完成大東亞戰爭」為第一要義，為舉全香港的人力、物力以協助完成大東亞戰爭，將以強力推動實施所有政策。為了實現戰爭目的，將動員香港的所有物力，即港灣、機場、造船廠、工廠等基礎設施及經濟能力，在人力方面，促使管區內民眾了解日華協作的真諦，進而使其貫徹確立大東亞共榮圈的要義，並齊心協力朝著大東亞戰爭的徹底勝利而努力奮鬥。

　　所謂軍政，即是以實施戰爭為目的而進行的政治工作。但政治同時也必須以將來的建設構想為基礎。實施軍政的目的無疑是為了當前戰爭的勝利，但我們今天不能忘記為了促進建立大東亞共榮圈，應如何實施政策以更為充分地利用香港，現在就必須打下堅實基礎。可以說香港軍政必須努力了解這兩個既相互影響又難以解決

19　編者按：今天，指昭和十九年（1944 年）。

的命題關係。現在針對香港如何實施軍政，以如何解決二者輕重關係，已出現各種各樣的議論。

而「告諭」中明確了「軍政府治下之香港，應共同致力於今後之統治建設，完成大東亞戰爭，一洗香港從前舊態，方能發揚東洋本來之精神文化，萬民同沐聖澤，完成皇道昭垂之東亞永遠福利之基」。以下我將對這一點進行具體闡述。

香港的軍政主要有兩個目標，即首先應致力於完成大東亞戰爭，其次為完成皇道昭垂之東亞永遠福利而「打下堅實基礎」。由此可從香港軍政中窺見零光片羽。

此外對於中國人，並不要求將其變成日本人，而是強烈要求他們作為真正的中國人自力更生。華人政策的根本出發點是，他們如果能夠成為真正的中國人，一定會與日本共進退。這也是統治在港中國人的特色。無需多言的是，我們統治香港必須以光輝的開國國策為基礎。

第二節　立法及行政

一、立法

香港佔領地的立法，均由總督親自操辦，並未設立正式的諮詢機關。總督如此實施，主要是考慮由總督部各部課立項並經過總督決策，而後正式公佈法令。雖然沒有正式的諮詢機關，但並未完全忽略在當地居民中佔絕對多數的中國人的意見。即，在一般行政工作方面，還為最大限度尊重中國人的意見而設立了華民代表會，該會在總督監督下開展工作，主要是就針對當地中國人的政務接受總督問詢，並闡述相關意見。因此，在進行立法時，會充分參考該

會向總督陳述的意見。

立法的形式主要有香督令、佈告、公示和公告四種。在日本由法律敕令規定的重要事項，基本上均由香督令來予以規定，以下內容根據其重要程度通過佈告、公示或公告的形式來規定。昭和十七年共頒佈香督令 56 份、佈告 22 份、公示 86 份、公告 19 份；昭和十八年共頒佈香督令 53 份、佈告 16 份、公示 74 份、公告 31 份。

隨著總督部行政工作的推進，行政各部門的法令不斷充實進入立法內容之中，而唯獨司法方面的法令還難以加入進來。這是由於民事司法制度等根本制度，難以在一夜之間就輕鬆改革成功。因此在目前不得不暫時停止。從穩定民心的角度來看，為盡快將其調整完畢，眼下必須抓緊展開這項工作。

二、行政

行政即由佔領地總督來實施。總督部為協助總督進行施政的機關分成多個部課，目前還無法公佈總督部的機構構成，但負責直接實施一般行政的下級行政機構，主要有以下部門。

下級行政機構主要分為香港、九龍、新界三個地區，在每個地區的一線行政機關為地區事務所，在其領導下實施區制。地區事務所主要負責轄區內產業、經濟、學校、宗教和衛生等一般行政事務，根據總督部的命令指示具體實施。所謂的區是中國人居民的自治行政機關，共設置了 28 個區，隸屬於各地區事務所，區長及副區長均由總督任命，其職員全部由中國人出任，主要處理對中國人必需物資的配給、戶口事務、衛生事務等。區的經費現在由軍政預算劃撥的補助金來支付。在區一級以下的組織還有鄰保團體，主要

用於細部滲透及靈活執行軍政。

作為中國人的行政協助機關，除了前面所說的華民代表會，還成立了華民各界協議會，為針對中國人實施政務廣泛聽取中國人意見，以適應並考慮其風俗習慣，期望在實施政務之時該會能夠幫助中國人自治團體執行軍政政策。在這一方針的引導下，昭和十七年三月二十八日，這些機關開始成立並運行起來。

其中挑選了當地 4 名享有一定威望且具有豐富經驗和學識的中國人，組織成立了華民代表會。華民代表會任命羅旭龢（原英屬時代的首席華人代表、旭龢行老闆、華人置業公司董事）、劉鐵誠（交通銀行經理）、李子方（東亞銀行負責人）、陳廉伯（復興煉油公司總監督）為現任主席。

華民各界協議會由商業、工業、運輸、金融、教育、慈善、技術、醫生、建築、勞動等各界共 22 名中國人代表組成，主要是協助執行涉及中國人的政務的機關。該會每周自發組織兩次例行會議，主要涉及中國人的政務討論各種問題，並通過華民代表會陳述其意見。該華民各界協議會主要負責所謂的上傳下達。華民各界協議會會員目前由以下諸位組成（主席為周壽臣、副主席為李冠春）：

周壽臣（東亞銀行董事長、中華百貨公司董事長）、李冠春（和發成公司實際控制人）、董仲偉（香港華商總會主席、香港錢莊公會主席、道亨銀號實際控制人）、葉蘭泉（香港中華廠商聯合會主席、香港華人永遠墳場理事、香港孔聖堂司理）、伍華（香港建築商會永遠顧問、香港必打行主席兼司理、生泰建築公司總經理）、羅文錦（律師）、鄭啟東（《南華日報》社社長、南京國民政府宣傳部委員）、凌康發（香港九龍總工會會長、茶居工業總會主席）、林建寅（港九勞工總會會長）、李忠甫（東華三院主席、

亞洲行實際控制人）、郭贊（香港華商總會副會長、法國銀行華人經理）、陸靄雲（香港南華體育會會長、建東公司實際控制人）、周耀年（建築師）、郭泉（永安銀行司理、永安公司司理、普益洋貨行商會主席）、王德光（華民代表會事務局主事）、譚雅士（律師）、王通明（香港九龍通明醫院院長）、鄧肇堅（鄧天福銀號經理、香港汽車運輸公司副總經理）、顏成坤（中華汽車運輸公司總經理）、黃燕清（香港光華中學校長、香港中小學校會主任秘書、保良局原經理）。

第三節　司法、警察及刑事

一、司法

　　審判機關 —— 香港佔領地的司法制度與南洋各佔領地區的情況較為不同。在南洋各佔領地區，大部分審判人員自始至終均由原住民擔任，因而我軍佔領後，仍使用原住民的審判人員，因此司法方面在短時間內就基本走上正常軌道。而香港在英屬時代之時，其法院審判人員均為英國人，而他們在我軍佔領後作為敵對國人員被收押起來，因此不得不由日本人作為審判官走到了一線。因此昭和十七年二月二十日總督部成立時，也一同成立了作為刑事審判機關的軍律會議，作為民事審判機關的民事法庭。其適用的實體法、程序法均以日本法為基礎而進行重新創造。但由於需重新審查軍律會議本質和充實司法部要員等原因，期待在昭和十八年十月十五日重新設置法院和檢察院。但目前在香港仍然在推動成立作為審判機關的軍律會議和法院。軍律會議僅審判軍人作為直接受害者的犯罪案件，而法院管轄除此之外的犯罪案件，同時統管所有民事案件。

這樣一來可以說司法制度基本上進入了運行軌道，但進一步探討香港司法制度的未來發展，以及適用審判機關的實體法、程序法的調整完善等就被擱置下來。其中刑事法律目前已基本完備，因而問題就在於民事法。當前香港的民事法主要是依據日本相關法令，並參考當地以往的法律習慣。民事相關法律與刑事法律不同，不能完全無視英屬時代的權利義務和法律習慣。雖說如此，但既然由日本審判人員站在一線進行審判，那麼就不能夠繼續沿襲舊的法律習慣，因而對民事法律進行了相應調整。這雖不是對民事法律進行修改調整的必要原因，但當下的香港日佔政府還是在集中力量完成這項工作。

律師制度 —— 英屬時期香港設有出庭律師、初級律師等，在香港的中國出庭律師和初級律師很希望能夠恢復工作，因而在昭和十八年二月二十日制定了律師令恢復了這些律師的工作，允許其參與到民事案件的審理中。與此同時，也允許在中國具有律師從業資格的人才來到香港從事法律工作。目前香港有律師 17 名，其中原香港出庭律師、初級律師有 12 名。他們一直以來都在司法部的監督下積極協助配合民事司法工作。

二、警察

在日軍佔領以後至今，香港的警察權均由憲兵隊掌握和行使，行政警察和司法警察兩方面工作均由憲兵隊來負責。而在憲兵隊治下，則使用印度人和中國人負責檢查，不過他們都只是憲兵隊的輔助人員。目前香港治安得以維持穩定，其功勞應大部分歸功於憲兵隊。此外，憲兵隊具有違警罪現場處理權，對適用 3 個月以下監禁、500 元以下罰款的案件，可以現場進行處罰，當然也允許受

罰者不服申訴。

三、刑事事務

　　在成立總督部的同時，還繼續使用了英屬時期位於赤柱的監獄等設施，在日軍法務部的管轄下建立了刑事監獄。昭和十八年十一月末，包括軍律會議和法院判決及待判決的犯人，目前在押人數約□□人。在押人員幾乎全是中國人，但也有一部分第三國人員和敵國人員。該監獄堅固森嚴，幾乎沒有受到任何破壞，收容能力約為 7,000 人。只是現在由於領導層和器具材料等原因，監獄的設備並未得到充分利用，因而囚犯的勞動力也未能得到充分發揮。監獄將來的發展主要集中在如何更為充分地利用犯人的勞動力方面。

第二部分

設
施
篇

第一章　港口

第一節　香港港

香港港環抱於九龍南部和香港島之間，水面面積約 14 平方英里，是天然的優良港口。東口為鯉魚門，西口為向島（中文名為昂船洲）和青洲島西側一線。水深因時間不同而深淺各異，退潮時為 24 英尺至 78 英尺，一般潮高為 6 英尺，大潮時潮高可達到 8 英尺左右。裝卸載方面主要區分水面裝卸和碼頭卸載兩種，水面裝卸主要依靠帆船。由於香港一直以來都有非常豐富的廉價勞動力，因此港口和裝卸載設備與大連港等相比較為落後，今後應致力於促進香港港口的機械化。如果能在這一點上有所改善，那香港港的港口能力將更進一步地提升。

大東亞戰爭爆發前進入香港的跨海汽船，昭和十四年（1939年）有 3,698 艘，總噸位為 11,067,000 噸。在大東亞戰爭爆發前的倉庫儲藏總能力加上九龍方面共有 100 萬噸。

地理上香港處於大東亞共榮圈的中心位置，具有優良的港灣和豐富的倉庫設備，以及在第三部分「經濟篇」中將詳細介紹的船塢、造船業和各種加工業。在大東亞戰爭持續推進的今天，不難想到香港能在很大程度上直接或間接的協助戰爭的推進。不僅如此，其在大東亞共榮圈的核心地理位置和優良的港口設施功能等特點，將來也必然會發揮更大的作用。

昭和十八年十二月末，在香港從事海運、港口裝卸載及從事其他工作的日本從業者如下表所示。

業務種類	公司
海運業	日本郵船股份公司、大阪商船股份公司、東亞海運股份公司、山下汽船股份公司、昭和海運股份公司、廣東內河運營組織、國際運輸股份公司、日東礦業汽船股份公司
港口裝卸載業	臺灣運輸股份公司、廣東裝卸倉庫組織、三井物產股份公司（僅煤炭）、中盛公司（僅煤炭）
海上貨物搬運業	穎川洋行、太洋帆船股份公司、前田洋行、建成行、裕興航運公司、管商行、林本源興業公司、南亞商行帆船運輸部
帆船貿易業	宏發公司
行李配運業	香港赤帽社

除上述之外，華人貨物搬運公司（主要是依託帆船）約有 60 家。此外關於目前香港港的主要碼頭和倉庫運行狀況暫省略。

最後，對海員訓練培養方面進行簡要說明。總督部於昭和十八年一月二十五日成立了海員公會，以登記在港的經驗豐富的海員並協調在港一般會員的就業工作，與此同時逐漸滿足來自中國和南洋等方面的需求。昭和十八年三月十五日成立海員培訓所，負責海員培訓，還安排該所畢業生登上總督部機帆船，以期獲得優秀成績。

第二節　內河航運

廣東和東西兩江方面的內河航運，主要由廣東內河運營組織負責組織定期航行運輸。從香港和廣東間的中轉運輸實施情況來看，即當前戰爭狀態下香港作為中轉港口持續發揮重要作用的一個實例，此處記述該航路也是有意義的。

廣東內河運營組織的設立可追溯至昭和十三年（1938 年）日

軍攻入廣東之時。隨著日軍進入廣東並在此後不斷擴大佔領地域，要求恢復珠江三角洲水上交通的呼聲不斷高漲。福大公司在中國航運業者的幫助下，在廣東和佛山之間利用一艘小蒸汽船和一艘駁船開始了水上配運業務。這即是廣東內河運營組織的開端，其後隨著佔領區的復興，在逐漸擴充通往珠江三角洲航路的同時，也開始了香港和澳門之間的業務聯絡。佔領香港後的昭和十七年一月，該公司從廣東遷至香港，並開拓了通往廣州灣、海防的航路，成為以中國南部為據點的唯一獨立的航運公司。

另外，香港和廣東間的中轉運輸，從昭和十八年五月實施以來，都由該公司負責。一直以來進入廣東港口的跨海汽船都需在香港暫時停泊，而後再進入廣東港口。10月份，基隆廣東運輸船隻也開始停靠香港港，至此除海南島運輸線外，所有跨海汽船都轉為停靠香港。如此一來香港和廣東間的所有客運和貨運業務，均由廣東內河運營組織的定期配運船和駁船來承擔。

廣東內河運營組織到如今的昭和十八年末，在香港港—廣東之間（廣東線）除運營著兩艘客貨船定期運輸外，已有□□艘、□□萬噸的駁船進行貨運中繼。而且在澳門線（香港—澳門之間）、江門線和澳門與廣東線（澳門與廣東之間）各配備了一艘客貨船定期配送。而且，還在香港為渡過內河航路的乘客準備了指定的旅館（松原旅館、香港旅館、東亞旅館、海員旅館、香取旅館、橫山旅館）。

第二章　機場

　　香港機場位於九龍啟德，能夠保障陸上飛機和水上飛機起降。根據大東亞戰爭爆發之前英國的紀錄，啟德飛機場配備短波和中波無線電裝置、方向探測器、航空氣象臺、機場管理中心、各航空公司辦事處和工廠、能容納上萬加侖級的油罐、包含千萬級泛光照明的夜間航空設備、水上飛機著陸的半永久登陸設備、水上飛機使用的船架、浮舟及特殊碇泊浮標等。

　　大東亞戰爭爆發前，共有 5 家航空公司經營著香港航線，與切斷日軍陸上交通和海上交通的重慶政權不同，一直確保著依託香港的海外空中交通。隨著中日戰爭的長期化，該航線對於重慶方面愈發重要，這在下面統計的情況可以得見。但由於日軍攻打香港導致該空軍基地遭到破壞，為了大東亞建設，仍需充分利用該機場。

　　大東亞戰爭爆發前敵國利用香港機場的狀況：

　　1. 英帝國航空公司（中文名英國帝航公司）—— 1949 年 11 月整合為英國海外航空公司。主要連接香港和蒙古，在蒙古接續倫敦—澳大利亞線。但昭和十五年（1940 年）十月以後，由於歐洲戰爭，只連通紐西蘭—澳大利亞—非洲線。昭和十六年三月關閉香港公司。

　　2. 中華航空公司 —— 中美合作公司。主要連通香港—桂林—重慶、香港—韶關、重慶飛往昆明（昆明飛往仰光、河內）、嘉定、宜昌、成都、貴陽等地。

　　3. 泛美航空公司（中文名美聯航空公司）—— 主要連通香港‧澳門—馬尼拉—三藩市。

　　4. 歐亞航空公司 —— 中德合辦公司。主要連通香港—桂

林—重慶，以及由重慶飛往昆明、由昆明飛往河內、成都（成都飛往西安、蘭州）。

5. 法國航空公司（中文名法國航空公司）—— 連通香港—河內—巴黎。昭和十五年七月停運。

從中日戰爭到大東亞戰爭爆發的這段時期，香港機場利用率突然提升，這說明由香港發出的貨物和乘客大幅增加，如下表。

香港（啟德機場）航空統計表

	1936 年	1937 年	1938 年	1939 年	1940 年
著陸					
飛機數	123	398	633	479	/
乘客數	135	1,929	6,006	3,611	6,462
郵寄物（噸）	6.9	150.0	74.5	90.9	65.9
貨物（噸）		/	22.0	21.2	254.4
起飛					
飛機數	121	395	649	485	/
乘客數	154	1,756	3,963	2,550	4,505
郵寄物（噸）	2.9	394.0	125.0	86.5	66.5
貨物（噸）			98.7	85.2	498.4

註：1936 年至 1939 年資料參考香港藍皮書，1940 年資料參考香港常用商會通訊

在民間航空方面，日軍佔領香港以後，大日本航空有限公司和中華航空公司在昭和十七年四月於香港開設了聯絡處，負責日本—臺灣—香港—廣東線（並飛往南洋佔領地）和上海—香港—廣東線。

大東亞共榮圈各機場距離香港港的距離（海里）

地區	距離	地區	距離	地區	距離
澳門	39	高雄	342	釜山	1,145
廣州	83	基隆	475	大連	1,259
汕頭	187	長崎	1,074	羅津	1,580
海口	272	門司	1,179	海防	486
廈門	292	神戶	1,387	馬尼拉	633
福州	459	大阪	1,341	西貢	924
上海	823	名古屋	1,489	新加坡	1,425
南京	1,004	橫濱	1,602	蒙古	1,500
青島	1,116	東京	1,612	雅加達	1,782
天津	1,450	小樽	1,918	仰光	2,546

第三章　陸上運輸

第一節　道路

　　香港島和九龍半島全境幾乎都是由風化花崗岩和少部分凝結岩構成的。從海岸線到香港和九龍城區中心地帶有一座 500 多米高的山峰。因此除九龍南段的一部分，大部分海岸線的地質和形態都與日本境內的「親不知」和「仙倒崖」類似。英屬時期便已在如

此岩石斑駁、地形複雜的丘陵地上舖設了完備的公路。這條公路在香港島長 270 公里，在九龍半島長 320 公里，總長度約 590 公里。

香港在英國建設下成為近代化程度很高的大都市。香港的陸上交通、運輸機構都主要是圍繞汽車來展開的。因此，城市道路也都是以汽車為對象來建設的，如字面上形容的那樣「四通八達」。其設施或建築運用了一切可用的方法進行建設。

香港市區內的主要道路為與海岸線平行的住吉路（原干諾道）、昭和路（原德輔道）、明治路（原皇后大道）等。這些道路都是高等級舖設路面。以此為骨幹，連通各大大小小的公路，並由道路將城市劃分為各個區域，其中高層建築大部分集中在海岸一線。道路舖設材料一般使用水泥混凝土。香港周邊道路為汽車行駛路，經過香港仔、深水灣、綠濱等地到達香港，長約 24 公里，汽車行駛里程大約 1 小時。除該路線與海岸線平行外，還有一條幹線將島內分為東西兩部分和若干條橫斷公路，連接著通往海拔 500 多米山峰的道路，因而從香港的任何地方開車出發，均能夠順利登上山峰。

在道路寬度方面，香港島的街區主要道路寬約 20 米、長約 12.7 公里，該道路是與在城區東西向軌道交通並行的主幹道。

在九龍城區的道路，與香港島相比更新一些。道路的構造和施工方法也採取了更先進的模式。道路寬度方面，主幹部分約為 30 多米，城市中心的約為 20 多米，長度達到 26.5 公里。香取路（原彌敦道）和鹿島路（原太子道）是香港佔領地中具有代表性的近代式道路。特別是香取路有長度約 3,500 米的直線道路，路面主要用鋼筋混凝土舖就而成，是九龍城區和新界地區之間唯一一條主要幹道。該道路是九龍城區中交通量最大的地方。

除一般公路外，還有通向重要設施或諸多分佈於各處的堡壘的道路，以及其他私設道路。這些道路雖然舖設完好，但若要想邁出邊境，還需要通過中國原有的泥濘小路。在九龍半島、新界地區有一條道路能夠到達原英屬地邊境線附近，路面主要用混凝土舖就，與海岸線平行，長度約 56.5 公里、約 1 小時的汽車車程。該道路多數地方蜿蜒曲折，但由於道路結構和設施均十分完備，因而汽車平均時速能夠超過 38 公里。道路平坦部分兩邊栽有街道樹，並有很多漂亮的街景，而且道路寬度在 6 米多。該道路曾用於運送重慶抗戰物資，是連通香港和中國內地的唯一道路。而隨著日軍成功壓制廣東後，東亞戰爭的風雲席捲而來，他們無法忽略對岸的戰事，感到有必要對道路進行軍事戰略上的修整，因而毅然投入大量資金，加緊緩和陡坡、擴張道路寬度、加固橋樑工事，以期趕在大東亞戰爭爆發前完成。但該工程進行到一半時便放棄了，這一點從很多工事細節之處都能夠看出。

　　九龍新界地區的道路，是中國方面向香港輸出物資的運送道路，而且是為軍事戰略的需要和英國的利益建設而成的。因此，該道路的每一個部分都與英屬地中國居民的各種日常生活緊密相連，已完成舖設的道路都非常完美。新界地區的道路沿著海岸線一路向西，從九龍半島的北端經過荃灣、元朗、粉嶺，到達大埔、九龍，全長 90 公里（向東行駛的話，從九龍半島北端經沙田、大埔、元朗到達九龍），加上通向邊境附近的支線及其他公路的 70 公里，全長也不過 160 公里。因此香港的道路密度，不要說按照美國道路密度標準建設的山嶽地區，就是比沙漠地區的道路密度都要低不少，甚至還不及我國人均的道路密度。

　　前述雖說香港道路四通八達，僅僅是指香港和九龍的城區，

新界目前還未開發。在開發時需要建設連接半島中心地域的橫縱貫通的多條道路，建設完成時還要進一步實現居民福利、治安穩定、農耕地開發、物資流通等。

第二節　鐵路

總督部轄區內的鐵路線現有一條連接九龍和深圳墟之間的線路，全長 37.1 公里，中間設置九龍、油麻地、沙田、大埔、大埔墟、粉嶺、上水、深圳墟等 8 個站點，其中上水站通常禁止使用。

該鐵路在戰前一直通向廣州，在廣州—深圳之間的 142 多公里的線路是依靠中國系資本建成的，被稱為「廣九鐵路」，九龍—深圳間的 30 多公里由英國經營，被稱為「九廣鐵路」。兩段鐵路同時於 1911 年 10 月 1 日開始運營，由於中日戰爭爆發，鐵路遭到日軍襲擊破壞。而由於昭和十八年十一月開始的廣九戰鬥，因而恢復了這條線路，並於昭和十八年十二月二十八日全線開通。

該鐵路旅客運輸票價如下表（單位：錢）

							九龍
						油麻地	10
					沙田	20	25
				大埔	20	40	45
			大埔墟	10	25	40	50
		粉嶺	15	20	40	55	60
	上水	10	20	25	40	60	65
深圳墟	15	15	30	35	55	70	75

註：二等貨物費是本表中的兩倍，兒童乘客是成人乘客的一半，不滿五錢按五錢算

現在鐵路方面只允許搭乘便車的旅客乘坐，貨物僅限於託運行李和隨身行李，不運輸大件貨物。九龍—深圳壚間單向需 1 小時 58 分鐘，目前使用混合列車每天往返三次。

　　該鐵路在沙田—九龍之間通過九龍市區，而沙田—深圳壚之間全是農耕區域，香九城區消費的蔬菜有一半是這裡產出的。沙田附近是香九城屈指可數的旅遊聖地，特別是西林寺、道風山、普靈山都是著名景點或古跡。

　　昭和十八年十一月發起的廣九戰鬥，在香港防衛隊和華南軍的協助下，達成肅清廣九鐵路沿線的目的，但隨著戰鬥推進，又全線開通了廣九鐵路。鐵路整肅和鐵路開通，無論對香港還是對廣東來說都具有十分重要的意義。香港—廣東間的連通，在水上、航空兩種方式的基礎上再增加陸上交通，由此一來兩地間的物資運輸就變得十分便利。此次作戰是向香港—廣東一體化，甚至可以說是向香港和中國南方一體化的方向邁出了一大步。

第三節　市內電車及其他

一、市內電車

　　香港的市內電車一直以來由香港電車公司（英系資本）負責經營。電車於 1905 年（明治三十八年）7 月開通，全線超過 16 公里（9.99 英里），貫穿全部市區，是備受歡迎的市內交通方式。電車雖然由於大東亞戰爭爆發蒙受巨大損失，但在日軍佔領香港後不久就努力恢復其運營，並於昭和十七年一月二十七日就開通了一部分，三月二十日實現了全部開通，並將其作為總督部的直營業務進行管理。現在共有雙層電車 112 臺，不間斷在市內運營。

車票價格採取統一票費制：①普通票：一等（上層）15 錢、三等（下層）10 錢。②早班車（首班車從 8 時起）折扣：僅限三等，往返 10 錢。③次數券（30 次）：一等為 3 元 60 錢（2 折）、三等為 2 元 10 錢（3 折）。④定期券（三等僅限學生，禁止每日往返的乘客使用）：每月 1 元 80 錢，3 個月 3 元 60 錢。

市內繁華區電車運行間隔為 2 分鐘一班，其他地區 5 分鐘一班。香港市內電車的運營收入每日平均 1 萬元，發送乘客每日平均 10 萬人。在戰前，電車站點只是將電線杆塗紅作為標記。昭和十七年十一月，在全線 47 個站點均用日本式名稱加以命名，例如上陸濱、八幡通一丁目、香港郵政局前、青葉峽等。

二、登山纜車

香港登山纜車由香港高山纜車鐵路公司負責建設，於 1888 年（明治二十一年）5 月開通運營，擁有很長的歷史。在日軍攻陷戰鬥中遭到戰火破壞，但在佔領後得到了積極的修復，於昭和十七年六月二十五日恢復運轉，並運營至現在。現在纜車將城區和山頂相連接，在警備、衛生和居住方面發揮了重要作用。該線路全長 1.46 公里（0.91 英里），高 1,300 英尺。中間設東大正道、蘭道、霧島路、梅道、柏架道 5 個站點。票價如下：①普通票，花園道—香峰間往返 50 錢，花園道—梅道間 30 錢，僅售往返票，不出售單程票。②次數券（單程 20 次），花園道—香峰間 5 元，花園道—梅道間 3 元。

運營時間從 7 時 30 分至 23 時，工作日每天為 20 次，公休日每 30 分鐘一次。最近一個月平均運送人員 23,700 餘人。現在該登山纜車和市內電車統一由總督部直營。

三、公共汽車

戰前，公共汽車方面在香港由中華汽車公司運營，在九龍有九龍公共汽車公司運營，分別負責各自區域的交通承運業務。戰後則由總督部統一經營，並成立了香港汽車運輸公司負責具體經營。主要線路和票價如下：香港（郵電局前）—香港仔：30 錢；香港（郵電局前）—赤柱：40 錢；九龍（尖沙咀碼頭）—九龍城：10 錢；九龍（尖沙咀碼頭）—深水埗：10 錢；九龍（旺角）—元朗：75 錢；深圳—沙頭角：35 錢。

此外，該公司還經營著汽車貨物運送和公共汽車包租業務。

四、馬車

馬車作為戰後交通工具的輔助方式出現，現在主要在九龍地區運營。車輛定員 6 至 14 人，運行區域及票價如下：九龍（尖沙咀碼頭）—九龍城：40 錢；九龍（尖沙咀碼頭）—深水埗：40 錢；九龍（尖沙咀碼頭）—土瓜灣：40 錢。

五、香九擺渡船

連接九龍和香港的擺渡船是陸上交通的延展，如同兩地之間的橋樑一樣為市民提供很大便利，作用非常重要。天星渡輪是連接香港和九龍尖沙咀碼頭的主要連通方式，票價為一等票（上層）25 錢、三等票（下層）10 錢，從 7 時至 23 時運營，除早晚通勤高峰，航行每 20 分鐘一班，航行時間約 15 分鐘。油麻地渡船連接香港統一碼頭和九龍旺角碼頭及深水埗，票價為一等票（上層）35 錢、三等票（下層）15 錢，每天 7 時至 21 時運營，航行每 30 分鐘一班。香港和旺角間的航行時間約 20 分鐘。

六、轎子和人力車

轎子現只在香港山頂住宅區域使用，價格因道路急緩、天氣好壞等原因各不相同，基本上是每公里 1 元左右。因人力車具有與汽車、馬車不同的意義上的便利，也成為一般市民交通出行的寵兒，現在香九地區約有 1,000 輛人力車。

香港・九龍新舊街道名稱一覽表（昭和十七年四月二十日製）

新名稱	舊名稱	備註
中住吉道	干諾道中 Connaught R. Central	海岸道
西住吉道	干諾道西 Connaught R. West	
東住吉道	干諾道 Connaught R.	
中明治道	皇后大道中 Queen's R. Central	中央大道
東明治道	皇后大道東 Queen's R. East	
西明治道	皇后大道西 Queen's R. West	
東昭和道	德輔道中 Des Voeux R. Central	電車道
西昭和道	德輔道西 Des Voeux R. West	
東大正道	堅尼地道 Kennedy R.	山手道
中大正道	上亞厘畢道・堅道 Upper Albert R. Caine R.	
西大正道	般含道 Bonbam Road	
八幡通	海旁東 Praya East	電車道
春日通	怡和街 Yee Wo Street	
冰川通	高士威道 Causeway R.	山腰道
豐國通	英皇道 King's R.	
出雲通	干德道 Conduit R.	
霧島通	寶雲道 Bowen R.	

香取通	彌敦道 Nathan R.	九龍
香峰	太子道 Prince Edward R.	
九龍競技場	皇圃 King's Park	
昭和廣場	大鐘樓 Queen's Statue	
青葉峽	黃泥涌谷 Happy Valley	
大正公園	兵頭花園 Public Garden	
綠濱	淺水灣 Repulse Bay	
山王臺	堅尼地城 Kennedy Town	
元香港	香港仔 Aberdeen	

第四章　通信

　　香港的通信事業，主要是英屬時期的業務種類，分為官營和民營兩種。郵政、郵匯和廣播業務為官營業務，由香港郵政廳負責管理；電信及電話業務為民營業務，其中電信由英國系的電纜和無線電公司和丹麥系的大北電信公司負責運營，電話業務由香港電話公司負責運營。日軍佔領後，各通信業務統一改為官營，歸總督部直接管理，目前還無法在短時間內調整恢復完畢，因此難以充分有效發揮其作用。

第一節　郵政

　　郵政業務自昭和十七年一月二十二日起開始運行，現在設置的郵政局和其分局如下表所見。分局原則上是接收郵件和售賣郵票的窗口機構，但在距離郵政局較遠的分局也承擔郵遞物品收取和配

送業務。

局名	區內分局	分局運營時間	配送業務
香港	灣仔	昭和十七年二月十四日	不承擔
	上環		
	西營盤	昭和十七年三月二十六日	
	赤柱	昭和十七年五月一日	承擔
九龍	油麻地	昭和十七年二月十四日	不承擔
	深水埗		
	九龍塘		
	大埔	昭和十七年三月二十六日	承擔
	元朗		

目前郵件能夠寄到的地域如下：

1. 日本、滿洲國、中國、泰國、印度支那、蒙古

2. 日本南洋各佔領地

3. 中立國中的蘇聯、土耳其、保加利亞、瑞士、西班牙、葡萄牙、葡萄牙及西班牙在非洲殖民地、澳門

4. 總督部轄區內

現在能夠辦理的郵件只有普通郵件，不收取包裹等。普通郵件的種類與國內相同，區分為第一種至第五種。為了提高定期刊物和寄送大宗郵件的便利，還設置了郵費另付制度、預約郵遞制度、第三類郵件認可制度。

特殊業務目前只辦理掛號郵件，而該業務地域如下表。

可辦理地區	開始時間	備註
日本、總督部轄區內	昭和十七年十二月一日	
日本南洋各佔領地	昭和十七年三月一日	僅限第一類郵件
華南、華中	昭和十八年五月二十五日	
蒙古	昭和十八年八月一日	
華北	昭和十八年八月十五日	

郵票和明信片方面，均使用日本政府發行的郵票和明信片，郵遞費也與日本相同。而郵件收取和配送頻率則根據通信量多少而確定，具體如下：香港和九龍市內，中心城區每日 2 次、其他地區每日 1 次；香港島赤柱地區及新界地區，隔一天 1 次。

為實現大眾郵遞的便捷化，在設置郵件箱附近設置了郵票專賣店。目前在香港郵政局轄區內設置了 22 處，九龍郵政局轄區內設置了 13 處。

第二節　郵匯業務

郵匯業務從昭和十七年十二月一日起，實現香港與日本之間進行相互匯款。但當初考慮到配備恢復電信業務等實際情況，只開設了小額匯款和普通匯款兩種業務。昭和十八年八月二十一日起啟動了電子匯款業務，並實現了業務種類齊全完備。匯票金額有所限制，其中香港匯出金額限制在每人每天 500 元、日本匯出金額也要求在匯率管理法的限額內。

第三節　電信

電信業務從昭和十七年二月一日起開始運營，當前電報發送和配送業務由香港電報局和九龍郵政局承擔，而依靠電子機械進行

的與各地發報和收報業務辦理，則只有香港電報局承擔。

電信的機械設備在戰爭中遭到破壞，但經過業務人員的不懈努力逐漸恢復，在不斷充實通信人員的同時，實現電報聯繫的地區也不斷擴充，到目前昭和十八年末，已覆蓋大東亞共榮圈全域。如下表。

可辦理地區	開始時間	電報種類	備註
日本	昭和十七年二月一日	日文和歐洲文	歐洲文僅限羅馬字、英語；日文
滿洲國	昭和十七年十一月一日	日文、中文和歐洲文	同上
蒙古			
華北			
華中	昭和十七年十月二十四日		
廈門	昭和十七年十二月二十四日		
汕頭	昭和十七年十月一日		
廣州	昭和十七年二月一日		
海南島	昭和十七年十月一日		
澳門	昭和十七年十月一日	中文和歐洲文	歐洲文僅限羅馬字、葡語、英語；日文
泰國		日文	
印度支那	昭和十八年十一月一日	日文	目前只能到西貢
日本南洋各佔領地	昭和十八年七月一日後逐漸依次實現	日文和歐洲文	歐洲文僅限羅馬字；日文

發往各地的電報價格根據種類和字數而各有不同，其詳細介紹在此省略，價格計算方面的原則如下所示：

日文的語數計算方法為，姓名無論字數多少均算作 2 語，正文部分每 5 字為 1 語。中文和歐洲文的語數計算方法為，稱呼和正文的各語都計為 1 語。關於最低費用，在發往日本南洋各佔領地的電報中日文和歐洲文總計 3 門語言，其他為 5 語分。

第四節　電話

香港和九龍城區內的電話交換設備和地下線路，都因戰爭而破壞殆盡。因此從昭和十七年一月十七日起，開設香港電話局和九龍電話分局以收集兩城區的電話安裝戶。當時曾將過去加入的用戶視為非開通用戶，但隨後制定了電話開通手續和價格，並制定公佈了電話規則，後來確定了正式的開戶者，並於同年二月二十日開始徵收電話費。電話交換方式為自動式，交換設備為西門子兄弟式自動交換機。

電話安裝戶隨著香港的發展逐漸增多，截至當前昭和十八年十二月已超過 1 萬人。電話費用根據到電話局距離和其他情況而不同，大部分電話費為每年 120 元。新規規定：除公益事業者，在安裝時需繳納設備費 200 元和保證金 100 元。

其次關於公共電話和窗口電話業務，戰前在香港和九龍市區內曾設置有超 40 處公共電話，但由於日軍佔領後硬幣無法使用，因而暫時全部撤掉了。但為了彌補給公眾帶來的不便，從昭和十八年二月二十日起，在香港和九龍郵政局開設了窗口通話業務，電話費定為每次 10 錢。

交通、通信、管道、電力、煤氣、土地、房屋相關聯繫方式

名稱	所在地	電話號碼	名稱	所在地	電話號碼
香港港務局	/	25913	香港電報局	/	28035
香港海員培訓中心	/	23087	香港電話局	/	20202
大日本航空營業所	/	31168	香港廣播局	/	21280
中華航空香港支部	/	56163	香港水道廠	/	28660
道路下水公司	/	39393	香港電廠	/	20056
電車公司	/	26655	香港煤氣廠	/	20828
香港汽車運輸公司	必打街於仁行	31004	不動產管理部	/	39567
香港聯絡船公司	/	31350	香港貸地公司	/	23500
香港郵政局	/	26313	香港房屋登記所	/	31814

第五章　廣播業務

香港廣播局在昭和十六年十二月二十六日被我佔領，偶爾進行廣播（昭和十七年二月完成恢復），目前只有兩種廣播。

第一廣播（中波）的對象為總督部治下的日本人，主要是轉播來自東京的東亞廣播，使其知曉形勢和貫徹日本政府的政策，同時臨時插入由香港廣播局編排的節目以滲透軍政思想。從 11 時 45 分至 22 時 30 分不間斷播放新聞、教育、慰安等各個方面內容。

第二廣播（中波）的對象主要為治下的一般民眾。該廣播以準確迅速的報導廣播為重點，主要方針是以指導民眾了解並執行總督的政治措施，去除英美思想和協助完成大東亞戰爭。廣播使用粵

語、北京話、印度語和英語 4 種語言，為一般民眾播放豐富多彩的
欄目，以期實現良好的收聽效果。廣播時間為 7 時 30 分至 22 時
40 分。

在戰前，收聽者中中國人有 10,400 人、歐洲人有 1,300 人、
其他還有 1,300 人，合計 13,000 人。時至目前昭和十八年十一
月，收聽者中日本人有超過 960 人、中國人 5,800 人、印度人 200
人、其他 340 人，合計 7,300 人。目前暫未收取任何收聽費用。而
收音機方面，除非在職務上有特殊需要且經過總督同意外，不得使
用全波和短波收音機。

第六章　上下水道

第一節　上水道

香港的上水管道，是由港英政府歷經 80 年歲月，花費 4,000
萬港元，克服地形和水利上的各種不便，最終完成的巨大工程，因
此，年降雨量若達到 2,000 毫米（80 年間的平均降雨量），九龍、
香港加起來全年每天可提供二三百萬噸用水，每人每天可使用二三
噸，也能夠滿足百萬人用水。但香港的水管道完全依靠降雨，雨量
的多少對供水有直接影響。這一點是不容忽視的。

在攻陷香港戰鬥時，敵人對上水管道進行了破壞，日軍佔領
後迅速對其進行修復，九龍方面於昭和十七年一月一日、香港方
面於一月二十日起開始重新運營，並一直供應到今天。在佔領前供
水戶有 27,000 戶（儲水器數），到現在的昭和十八年末有 17,000

戶，僅為佔領前的 55%。這主要是因為疏散工作使人口減少導致的。而供水戶數與居住人口相比非常少，這是基於香港的特殊情況，即在香港並不是每家一個儲水器，而是每個建築物設置一個儲水器。因為香港的建築物大都是高層建築，每棟樓中都居住著幾戶甚至幾十戶人家，或者有數十個的公司、店舖。這種每棟建築設置一個儲水器的制度，是根據戰前水道費用通常由一家之主負擔的習慣和建築的結構特點制定的，因而無法在每家設置儲水器。

在戰前，一般市區家庭的用水費用為 1,000 噸 25 分港幣（根據街區、半山腰、山頂等地形而價格不同）。日軍佔領後用水價格定為 1,000 噸 40 元軍票，但考慮到港幣和軍票的兌換比率，實際上佔領後用水價格有了顯著下降。此外，香港的上水道是由總督部直營。

第二節　下水道

香港及九龍地區的下水設施，除污水排放外，還具有十分完整的設備，即使面臨南方特有的大雨之時也不會發生災害，能夠完全疏通排放，且排水方法非常經濟。此外，香港並沒有因為這些排水設施而使城市失去任何有效面積，下水道的兩側還建設了公路。

下水道的結構一般是用石子堆砌而成，分為明渠和暗渠。明渠部分有 1 米高的石砌高欄，溝的主體側壁也是石子砌成的，底部都是用石板或混凝土鋪就而成，深約 3 米、寬度約 4 米至 8 米。香港和九龍城區內沒有真正能夠稱得上河流的水路。下水道完全用石塊砌成，構成堅固的河。這種河的大部分都用石板覆蓋（即暗渠），用作道路或其他地面。這些下水道（排水溝）晴天時幾乎見

不到水，下大雨時雖然會突然出現滿水狀態，但很短時間內又能恢復至晴天的狀態。這體現了疏通斜面和下水道斷面的有效契合。道路上和房屋地帶的所有雨水都會流入這些下水道中，但這些四通八達的暗渠全部都在地下，在地上絲毫看不出來。這就是香港下水道的獨特特點。

以上介紹了香港雨水和地下水排水設施情況。以下介紹污水處理設施情況，關於這項設施一直以來並不完備。污水下水主要是指廚房、浴室、洗手間、廁所等，即用於除雨水之外的流動排除物的下水。在污水下水處理方面看，香港很難說是一個健全的近代化城市。香港的污水不經過任何處理就排放至港內，即排放至碼頭附近、颱風避風港內、造船廠附近等。從衛生情況看，改善其污水下水的狀況是一個亟待解決的問題，因此目前正在積極著手改善（參考第四部分《文化篇》第五章〈衛生〉一項）。再有香港的下水道工作與公路一樣，由總督部的道路下水公司負責管理。

第七章　電力和煤氣

第一節　電燈電力

香港的電燈電力業務現由總督部管理的香港電廠負責經營。該業務在戰前由香港電燈有限公司（香港）和中華電力有限公司（九龍）兩個公司負責經營。前者的資本金額為 1,800 萬港幣，後者為 1,500 萬港幣，由 50% 的英美資本、40% 的中國資本和部分第三國資本組成。經營實權由英國人掌握，近年來前者有高達 22%

至 30% 的分紅，而後者也有高達 10% 左右的分紅。

昭和十七年十二月十六日，日軍進入九龍城的同時開始著手恢復被毀壞的電力設施，同年十二月二十六日成功實現九龍的軍需供電。隨後的昭和十八年一月三日又成功實現香港的軍需供電。另外，在制定電力供給暫行規定的同時，九龍於昭和十八年一月一日、香港於一月十五日起開始向普通民眾供電。同年二月二十日香港佔領地總督部成立的同時，也改編了總督部直營的電力公司，並於昭和十八年一月一日委託其經營相關業務。

香港的電力業務由於其地理條件等因素，主要採取火力發電的方式。其原材料煤炭基本上依賴進口，而且煤炭的運輸十分困難。因此，近來發電廠正在設置電力消費規程，以最大限度節約電力，但對重要產業的電力供應絕不會停止。

第二節　煤氣

煤氣業務由總督部管理的香港煤氣廠負責經營。這在戰前是屬於香港中華煤氣公司的業務範圍。該公司是於 1863 年創立的英國系股份公司，資金為 157,500 英鎊。工廠在香港島和九龍各有一處。日軍攻打香港時，即開始著手恢復煤氣工廠運營，昭和十六年十二月三十日即實現香港島的煤氣供應。隨後的昭和十七年一月十日，九龍方面也開始了供應。煤氣業務是攻陷香港後最早恢復的業務之一。

最初，該工廠被稱為香港軍政廳煤氣班，十七年三月改稱為香港總督部煤氣事務所，成為總督部直營的工廠，而到了十八年一月十日又將其委託給民間，直到現在。煤氣業務，與電力面臨著相同的緊缺問題，因此也需要節約消費。

第三部分

經濟篇

第一章　大東亞戰爭和香港經濟的質變

第一節　舊香港與新生香港

　　大東亞戰爭在香港的歷史上勾畫出一個嶄新的時代，毫無疑問，無論日本人，還是中國人，都是大東亞人。然而，由於大東亞戰爭而產生的新香港尚在形成過程中，而且這一過程才剛剛開始。與其相反，舊英屬香港經歷了上百年時間，其作為英國侵略東亞基地的機構和功能早已完備健全。因此在研究香港經濟質變時，僅從字面上比較新香港與舊香港的差異是遠遠不夠的。這其中存在幾個問題：首先需要探明舊香港的特性，並分析決定這一特性和賦予其條件的因素；其次是研究賦予香港這些條件的各因素在東亞形勢發展過程中是如何變化，從而研究香港的特性是如何變化的；再次是大東亞戰爭是其發展的必然結果，必須研究在此結果的影響之下，香港特性的條件會如何變化，以及需引導未來的香港朝著哪個方向發展。

　　香港的歷史學家艾特爾（E.J. Eitel）是研究香港特性的第一位西歐人。他將其著作命名為《歐洲在中國：香港自開埠到 1882 年歷史》，他在序言中這樣寫道：「英國輿論的精英感到其在歐洲和北美的使命業已完成，最近又進入需要其繼續完成使命的全新領域。亞洲，即毗鄰太平洋的各個國家和大陸，現已在英國外交部和其派遣的總督以及印度事務局的管轄範圍內。即事實上世界各勢力的平衡點已從西洋轉移至東洋，從地中海轉移至太平洋。」

　　「經過對香港 50 年的治理，已呈現出英國被中國人民（除卻政府官員）欣然接受的狀態，並已確定了適應歐洲的管理制度。而

且這塊岩石遍地的地方，迅速成為令世界驚訝的一角，成為世界的商業中心市場。由此也證明在英國支配下，中國的勞動、產業和商業得到了飛速發展。不僅如此，香港位於太平洋的最西端，與東北端的加拿大、西南端的印度和西非、南端的澳大利亞一樣，佔據著特殊的重要位置。而且其重要性不僅限於對中國和日本，且可以說它比將在未來世界史之中發揮重要作用的太平洋還要重要。」

　　該書於 1895 年發行，於大英帝國的黃金時代寫成，是對十九世紀作為西歐文明先驅者的英帝國功業和使命的無限謳歌。在這首讚歌中包含的多是自我陶醉和誇耀，但有一個事實即這片南中國海上的岩石之地作為英國支配中國乃至支配東亞的基地，確實轉變為世界商業的中心市場了。但是，東亞並不是甘願忍受西歐統治的受壓迫民族的集中地。如今大東亞戰爭在 1941 年 12 月 25 日終止了「西歐的香港」，將「英國統治」香港的機構和功能變成為東亞服務的機能而加以利用。那既然如此，「英國統治」的香港具有怎樣的經濟特性呢？

第二節　舊香港的經濟特性

　　香港的前史是從位於臨近廣東珠江的十三行地區的英商館開始的。清康熙以來東印度公司的商船每年夏天都會到此開展貿易，冬天則返回原地。當時的貿易是在非常嚴厲的限制下展開的，只能與受到特許的十三行商人進行貿易，英國人不許在廣東過年，而且關稅和其他課稅、貿易條件都必須嚴格遵守中國方面的規定。為了打破限制，英國人不斷進行著努力，那場貿易戰爭正是由英國人打著「獲取在平等立場下進行自由貿易權利」的旗號而展開的。但實質上，那場戰爭應被歸為以自由交易毒害中華民族的鴉片為主要目

的的戰爭。英商館在那場戰爭中曾一度被趕出廣東，並退至珠江河口的伶仃島上，甚至被迫躲避到香港附近的海上。1839 年，這場戰爭轉化為英清兩國之間的武力鬥爭，因得到從本國而來的遠征軍的支持，英國迅速攻陷了廣州，並進而佔領了香港、舟山群島，攻打了福建、浙江等地，使清政府被迫屈服。

這場鴉片戰爭的結局是 1842 年兩國簽訂了《南京條約》。這使英國將東洋貿易基地成功建立在了其佔領地香港之上，為實現英中貿易，還強迫清政府開放廣州、廈門、福州、寧波、上海等五個港口作為通商口岸。但是，英國對中國的野心並未就此滿足。第二次鴉片戰爭的結果是 1858 年簽訂了《天津條約》，1876 年簽訂了《煙臺條約》，英國順次要求清政府在長江沿岸和華北開放了通商口岸。英國在其中設置了租界、定下領事裁判權，並獲得了所謂的治外法權。如此一來，英國貿易便排除了中國政府的一切干擾，能夠以中國境內設置的租界為基礎肆意妄為。曾經鼓吹著「自由平等貿易」的英國商人，手持不平等條約將中國五花大綁，開始了肆意的經濟侵略。

一、作為中轉港口的香港

香港作為英國對華經濟侵略基地的地位被確立下來，其經濟特性也由其使命決定了。即在英國統治下的香港，經濟是其第一特性，重心為中轉貿易港口。從香港經濟本身而言，其實現繁榮的基礎首要因素是貿易，其他產業的作用遠在其後。此處的貿易並不是出口香港本地的商品或進口用於香港本地消費的必需品，而重點是為了再出口的進口與進口商品的再出口。其貿易的對象區域中，中國具有壓倒性的重要地位。

也就是說，在中日戰爭前，香港進口總額的 1/3 是為了再出口而進行的進口，另外 1/3 則是用於本地消費。此外，出口總額的 9/10 是進口商品的再出口，只有 1/10 是香港製品的出口。再出口商品的 10% 是通過中國沿岸貿易中轉，即將從中國進口的部分貨物再出口至中國的其他地方。20% 至 25% 是與中國無關的中轉貿易，即將從中國以外的國家進口的商品再出口至其他國家，剩餘 65% 至 70% 為中國的外貿中轉，即香港作為中國和世界市場之間的中轉而進行的貿易。

　　為實現其功能，香港被賦予「自由港」的特性就很容易被理解了。1841 年 1 月，英國的駐華商務總監查理・義律作為首任香港總督宣佈「港英政府不徵收任何港口稅及其他課稅」，從那以後，英屬香港作為自由港的政策一直保持到大東亞戰爭爆發之前始終未變。港英政府對貨物流通和資金流通不進行任何限制，同時也允許自由外匯市場和投資市場的存在。這一自由港政策的目的，是英國意圖將作為領土的香港在經濟上融入大中國市場中。此外，需要著重注意的是在貨幣制度方面，香港的貨幣也始終與中國市場上流通的貨幣保持統一性質。如此一來，英國一方面在華北、華中、華南編織成租界網絡，利用租界使全中國充斥著英國商品，另一方面又將香港作為其中轉港口。從宏觀上看，這些政策在一定時間內確已達到目的。香港港口中鱗次櫛比的碼頭、棧橋和覆蓋岸邊的數十座倉庫，即是其中轉貿易的最好體現。

二、作為工業區的香港

　　舊香港的第二種特性，即是其作為工業區的特性。香港本來並不是工業區，其自身的自然條件並不能滿足強力的製造工業發展

的需要，但在大東亞戰爭爆發前，香港還是形成了某種程度的製造工業。在香港最發達的工業，是與其港口功能息息相關的造船業，其次，麻纜製造、水泥工廠等與其同一範疇的工業也得到了蓬勃發展。這些產業從年代上來看是最古老的產業，而且是依靠英國資本進行經營的。其他英系工業，還有使用加工南方原料並旨在出口中國的砂糖工廠和煙草工廠，以及用於公共事業的電燈、電話、電車等企業。這些工廠之中，包含具備大規模近代工業雛形的工廠。此外，也有家庭作坊或手工業的華人工廠。這些華人企業和工廠的發展，從時間上看晚於英系資本的工廠，但近來其發展速度逐漸加快，在 1920 年投資總額為 1,748 萬港幣，而到了 1934 年則達到 5,124 萬港幣。在中日戰爭期間，更是實現了一個飛躍，湧現出大量大規模工廠製品。其主要的產業部門為織布工業、橡膠鞋工業和食品工業等。

總之，香港缺乏形成大工業的地理條件，這是無可爭辯的，但也不能忽視在英屬時代末期香港中小輕工業的蓬勃發展。特別是與當前中國工業發展程度相比，其重要性僅次於上海地區和京津地區。

三、作為華僑紐帶的香港

決定香港經濟特性的第三個因素是其與華僑之間的關係。華南的過剩人口從明代起就開始去往南洋各地尋求出路，但歐美各國在十九世紀起開始向太平洋西岸進發，太平洋各國依靠其資本快速開發，華僑的遷移也越來越積極。華僑大部分來自華南，特別是廣東、福建一帶。香港被英國統治後，這些地方出國的人們均要經過香港。1848 年，加利福尼亞發現了金礦，隨後在澳大利亞也發現

了金礦，這兩個洲，還有南美各國的鐵路建設和產業開發也加足馬力迅速推進，此時，中國人因勞動力價格低廉且工作勤勞而廣受歡迎。從這時起的大約 20 年間，所謂的契約移民即勞工輸出在香港、澳門進行著。這使香港的船舶業者獲得了巨大利潤。雖然後來等同於奴隸走私的契約移民被最終叫停，但通過香港向海外遷移人口的活動一直在進行，在歐美資本的控制下，中國人作為勞動者或者商人在各地為太平洋各國的開發貢獻著力量。

這其中的不少工資和商業利潤，都作為華僑匯款被寄到了本國家鄉。據推算在中日戰爭爆發前總額達到了 4 億至 5 億元，其中的 80% 都匯到了香港的中國銀行，進而由此通過錢莊寄往故鄉。因此華僑匯款對香港的金融業來說具有重大意義。此外，在香港和太平洋各國的貿易方面，華僑中的貿易從業者和香港從業者的密切聯繫也發揮了不小的作用。南北行和金山莊作為香港的華人貿易業者中心，成為各地華僑的交易場所，進而發展出投資業務，並以此形成緊密的商業關係。香港的華人富豪中也有不少南方出身的華僑，由此可見香港華僑資本事業具有很強的重要性。總之，香港的中國人全部都應被稱為華僑，其與太平洋各國華僑的密切聯繫，是香港繁榮的一個重要因素。

第三節　舊香港的崩塌

以上闡述了英國統治下香港經濟的特性及形成其經濟特性的三個因素。本來作為香港經濟一部分，農業、漁業、礦業等原始產業也發揮著一定作用，但在決定香港整體特性方面，其比重是微乎其微的。因此在這裡暫且予以忽略。而通觀香港經濟的各要素，可以發現過去香港存在的首要理由即是作為英國對華的經濟侵略基

地。英國的經濟侵略是通過條約、港口和租界形成的體系來完成的，香港在這經濟侵略的戰線中發揮著後方基地的作用。因此香港經濟順暢發展的前提，即是英國由不平等條約支持的對華貿易毫無障礙的展開。

但是英國的對華貿易在進入二十世紀後，由於兩個因素而逐漸開始產生動搖，其一是競爭國的崛起，另一則是東亞之中日本輕工業的發展，都嚴重威脅到了英國。而日本的作用不僅僅是英國經濟的競爭國，還作為促使東亞各國覺醒的先驅者，深深撼動著英美在太平洋統治體制的根基。另一方面，中國的民族覺醒在辛亥革命的影響下呈現燎原之勢。民國十四年的香港罷工，使香港貿易在中國貿易的佔比從 30% 衰退至 11%，1926 年的北伐和隨後出現的排英運動，一時間使英國在中國的利益出現全面危機。

這兩個因素，促使在香港的英國勢力在末日來臨前，又一次使香港在燃燒殆盡之時再次發揮餘熱。在後起國家進入中國市場展開競爭之前，英國也提前一步積極從單一的市場擴張向更新的發展方式的轉換，即將在中國的經濟活動重心由所謂的「基於條約港的商業」向「利益獲取和投資」方向轉移。這是從為了出口商品並與新晉競爭國爭奪霸權，轉向獲取中國內地的鐵路和礦業權，並對此投資，以繼續保持經濟上的優勢地位。此外，英國如今看到中國革命將矛頭指向自己，便狡猾的變換了方向，以其資本實力妄圖削弱中國政治統治力。即其在對南京政府堅決做出政治讓步的同時，嘗試著通過強化投資籠絡南京政府，而努力將中國排外運動的矛頭轉而朝向日本，其所作的嘗試竟在一定程度上成功了。

如此一來，英國和蔣介石政權達成妥協，其結果即是掀起了反日抗日浪潮。雖然於昭和十二年爆發了中日戰爭，但英國仍在戰

爭背景下將香港作為英蔣合作的基地和通往漢口、重慶的援蔣補給路，明目張膽地開展活動。特別是日軍在華中徹底壓制長江流域，並封鎖華南沿岸後，香港在大約兩年的時間裡，成為在中國沿岸唯一的援蔣基地。因此其貿易、工業投資和華僑匯款大大增加，香港一時間出現了戰爭期的經濟繁榮。隨著中日戰爭爆發後東亞形勢發展的必然結果，大東亞戰爭爆發了。昭和十六年十二月八日，日軍開始攻打香港，同月二十五日收到香港英軍和英總督的投降書，至此英國統治香港的百年歷史就此終結。

第四節　歸化後香港的建設

香港從此開始了新的征程。首先香港佔領軍軍政當局迅速著手處理善後工作，並於次年一月十九日成立了日佔領地總督部，二月二十日在首任總督磯谷廉介中將的領導下，總督部正式開始施政，至今已有兩年時間。在此期間，總督部意欲在經濟上做出較大貢獻。

一、新香港建設的兩年

佔領最初，軍政當局面臨的問題是，如何查收管理敵國資產、確保糧食供應、恢復工商業等。敵國財產的查收管理，主要是高效利用香港的既有設施設備為達成戰爭目的做出貢獻。為公共目的而設置的設施以最快速恢復了運轉，並採取了調查管理等各項措施以確保運轉。由於人口過剩，加之產業資源貧乏，對於香港佔領地來說飲食問題成為最為嚴重的困難，但即使如此也得到了妥善解決。三月份首先制定實施了白米票販賣制，隨後又制定了砂糖、食用油、柴等生活必需品的販賣制，還規定了政府公定價格和指定經

營商等。因擔心白米儲藏量不足等問題，軍政當局於四月份就聯繫第一艘滿載泰米的船隻進入香港。在恢復商店和工廠營業方面，首先從昭和十七年二月至六月，將敵國資本的主要大規模工廠轉為委託日本企業家經營。中國方面的銀行則在二月份開業，三月份華人四大百貨商場開始營業，隨後所有中國商店都陸續開門營業了。五月份起允許日本商社在港營業，日本商社逐漸增多。

　　進入昭和十七年後半期，香港開始與大東亞佔領地各地區進行物資的交流貿易。先是在七月份，訂立了與廣東之間的兩地正常貿易協定，隨後與不需協定的日本、臺灣、泰國、印度支那和新加坡等地也開始了物資貿易活動。九月份發佈了貿易監管令，該令規定了當前管理香港貿易的機關。根據該監管令，十月份起成立了貿易組織。進入昭和十八年後，香港建設的主要方向，是鞏固和充實上一年度打下堅實基礎的貿易關係。即為強化當地運輸能力，開始機械帆船建造業務，以及豐富利用帆船運輸的各種手段。在貿易關係上，從昭和十八年五月起就開始了經由香港的中轉運輸業務。這一點十分值得關注。其詳細內容並未公佈，但其中轉的範圍當前被限制在華南地區。另外進入第二年度，香港經濟發生了重大變革，港幣被廢止，以實現佔領地管轄區貨幣的一體化。這是在明確佔領地經濟特性方面具有重要意義的事項。

二、戰爭勝利與民生

　　觀察香港建設兩年來的主要成果，首先要考慮的是現在的香港經濟正在朝著兩個主要既定目標不斷發展。這兩個目標，其一是利用既有的設施和資源，以最大限度地為實現戰爭目的做出貢獻，其二是實現當地華僑居民的安定生活，盡可能地確保其安居樂業。

這兩個目標可以說是與其他南洋佔領地的經濟建設目標共通的。只是香港與其他地區不同，其自身沒有足夠的資源，無法通過對其資源的開發利用而為戰爭實施做貢獻，而且戰時必要資源的開發難以成為其居民賴以生存的職業。為了這一目標，香港能夠做到的，首先是其能夠作為港口成為共榮圈範圍內物資流通的媒介，其次是能夠從其他地區獲得原料並進行加工。其作為港口的功能發揮程度，受共榮圈相互間經濟聯繫的緊密程度和船隻規模的影響。而第二個功能，即從其他地區獲取原材料的可能性同樣受到原料地和船隻的影響。何況原材料進口（糧食進口也是同樣的）還與進口回報問題有著緊密關聯。進口回報最終必定是將日本的和其他方面的投資變為進口資金，或者將庫存商品變為抵押物。

為了實現香港追求的目的，需允許在合乎戰爭整體目的的限度內進行船隻和資金分配。總而言之，香港建設無論在目的上，還是手段上，都會被大東亞戰爭賦予相應條件。目前船隻和資金都盡量不依靠日本中央政府，且計劃盡量利用香港現有的設施和庫存。這是香港經濟領導層被賦予的任務。

佔領香港後不到 1 年便可以進口南方的物資，這都是因為大東亞戰爭赫赫戰功，大東亞共榮圈經濟的穩步發展。但是，如今的戰局進入了戰略對峙階段，西南太平洋上打起了激烈的空戰，物資消耗十分巨大。共榮圈經濟目前的任務是為打贏戰爭提供區域內盡可能多的資源，積蓄對抗英美經濟實力的戰鬥力。在此意義上，香港本地居民的所謂安居樂業只能限定於打贏戰爭這個目的的框架內。因此，在香港建設中也附帶了解決人口過剩的課題。現在的香港已然不允許養活大東亞戰爭前集聚的 150 萬人口。佔領地總督部制定方針，將過剩人口遣散到周邊地區，香港人口在昭和十八年十月

末減少到 85 萬，之後也繼續採取了過剩人口疏散政策。

三、香港經濟的質變

我們在本章列舉了英屬香港經濟的三大要素，一是中轉貿易，二是工業，三是華僑。現在我們來了解一下這三大要素的實際狀態，即看看現階段香港經濟的具體情況。首先，香港的貿易當前還難以說是中轉貿易，其全部進口都是在香港本地消費，或者是作為原材料輸入的進口。但是，香港的中轉港口功能並未全部消失，除了商業層面的功能，運輸技術上的功能，也還在發揮作用。即並不是利用香港商人之手將貨物進口來，再把握商機將其出口，而是在戰時使船隻操作便捷化，先將貨物運輸至香港，利用香港的倉庫設施予以儲存，再運往其他地區。昭和十八年五月起開始實施的華南聯絡運輸，即是率先在華南範圍內發揮香港的中轉功能。其次，在當地工業中，造船業正全負荷展開運轉，在船隻建造、修理，加強戰時船隻供應等方面做出突出貢獻。而華人的小規模工業，對直接增強戰力的貢獻較小，而且由於原料進口的關係，其業務恢復進展不會太快。再次，華僑匯款方面，由於受到佔領地相互間資金轉移限制，沒有戰前那樣自由。而對於家人就居住在香港的華僑來說，現在允許從南洋各地匯入一定額度的生活費。但由於不允許華僑使用的船隻在香港自由航行，因而通過華僑進行的貿易幾乎為零。不過，最近我們正著手推進華僑的帆船貿易，有實力的華僑在這方面所做的工作非常值得記錄。

更需要注意的是，在當前戰爭狀態下，又新增加了一個影響香港經濟的因素。所謂新要素，即努力實現最大限度的自給自足體制。這一努力首先體現在香港農林業、漁業等原始產業重要性得到

強化的方面。在農林業方面，已經開始利用新界地區的閒置地，實施大規模開墾、蔬菜果樹的栽培、種苗和肥料的改良等農業技術引進、植樹造林和畜牧業的規模化培育等計劃。在漁業方面，邀請了日本的漁業家展開經營，在總督部的指導下，促使當地漁民結成了帆船漁業組織。但是香港佔領地的所有耕地總面積不到 12,000 町步（1 町步等於 9,920 平方米），僅靠這些耕地無論怎樣努力增產，也無法養活香港的民眾。從這一點可以看出，香港與意圖通過調整作物或開墾土地實現自給體制的南洋各地有著本質不同。實現香港自給自足的努力，無非是盡量減少對外海運輸機關的依賴，盡可能通過協調大量糧食來達成。從這個角度出發，首先就要求強化香港與其直接後方地區的廣州和中山縣相結合。拋開其他地區不說，昭和十七年七月與廣州達成交易協定，即是向此發展的第一步。於昭和十八年十一月在華南軍和香港防衛隊的共同協作下開始的廣九沿線地區肅清作戰，也進一步擴大了香港的後方基地。今後這一地區在治安穩定、建設發展之際，也期待其能夠促進香港自給體制，實現飛躍式發展。

香港經濟的現狀如上面所述，像戰前援蔣時期的繁華已必然一去不復返了。香港作為大東亞的重要一環，意味著其所有一切都都是為達成戰爭的目的而進行的。保持香港和南洋各地良好的物資流動，以確保 80 多萬人口的安居樂業，也必然是香港乃至共榮圈經濟建設的一個重大勝利。如果以此來辯論香港經濟情況的話，這對於現在的我們來說，將難免會被譏諷陷入了一場毫無條件的空想論戰之中。不過，已經進行的廢止港幣、軍票一體化和開啟香港中轉運輸業務等決定香港未來特性的措施，也是十分值得關注的。

第二章　總督部的經濟政策

歷經百年經濟繁榮的香港，在大東亞戰爭爆發和日軍進駐的同時，其經濟特性也發生巨大變化，以往的中轉貿易港口的模樣已不復存在。但這只存在於戰爭的過程中，相信未來的香港會有巨大的發展潛力。

香港的各項經濟政策，也充分考慮了其未來特性和當地民生，而為了達成當前第一要務即戰爭勝利的目的，確實應該動員全香港的經濟力量。就當前香港佔領地總督部的各項經濟政策來看，可以得知都是在按照以下的方針進行的，即將九龍和香港的造船廠的經營權委託給日本公司，其他的港口設施均掌握在軍隊手中。這些港口設施，首先用作軍事基地，其次用於商業港口，再是用於有計劃地給有返鄉意願的人提供諸多援助，以淘汰管轄區內的無用人員，努力減少對日本國內造成的負擔等等，以充分利用香港各類資源達成戰爭目的。以下我們簡要而全面的介紹一下香港總督部所制定的各項政策方針。

首先介紹一下交易方面的政策。日本本國和香港的地理關係，與英國統治時期相比有著巨大不同，而且由於是在戰爭期間，必然受到了船隻的制約和物資產地的限制，因而無法期望當前香港實現令人矚目的中轉貿易。此外，香港自身地域狹小、生產物資匱乏，有必要深入思考如何在戰爭中實現自我生存以及如何降低對外依存度。因此，最初在貿易方面採取了寬進嚴出的政策和態度。

總督部成立後，迅速於昭和十七年三月公佈了《香港佔領地總督轄區出入、居住、物資轉移和企業、營業、商業行為監督令》（昭和十七年香督令第九號），其中規定採取物資進口事後申請制

和物資出口事前許可制。此後，與日本、滿洲國和中國各地（除澳門、廣州灣）之間的貿易，全部由東京方面裁決（所謂的特別圓決議），因而在昭和十八年四月，出於積累進口資金的目的，在向各地的出口方面原則上禁止了無匯款出口（昭和十八年香督令第21號，特定地域無匯款出口取締規則）。七月份廢止了前述昭和十七年香督令第九號檔第四章關於「物資移入移出」的規定，取而代之的是公佈了「物資移入移出取締規則」（香督令第32號），再後來除穀米、食用油脂、畜禽魚肉、蔬菜等幾種重要食品外，其他物資的移入（進口）都需要事先得到總督的許可。緊接著在九月份進一步強化了該條規則的使用，對於從廣州灣或澳門等地進口不需要港督事先許可的重要食品時，也改為必須有港督的事先許可。該項運用的強化無非是為了實現進口資金節約而採取的措施。

　　與周邊地區（廈門、廣東省、澳門）之間的交易方面，則允許一般貿易者的經營，而其他地區即日本、滿洲國、華北、華中、印度支那、泰國及南洋佔領地的貿易，出於保護與貿易地區之間的和協關係，以及有計劃的促進進口等考慮，規定只允許香港貿易組織成員經營香港貿易（昭和十七年香督令第43號貿易監督令，九月十八日公佈實施），並且該組織會員的貿易需得到總督的許可。雖然在規定上無論何種國籍都可加入該組織，但實際上並不允許中國人及其他國家加入。這是在與貿易對象地區的關係方面不得不採取的措施。

　　其次是物價政策。在香港，幾乎全部的日用必需品都必須由外部供應，而且由於戰爭原因，其大部分都只能期待相鄰各地區的補給。從地理上看，香港和中國大陸基本上屬於接壤關係，很難實現香港物價的獨立性。香港物價常常與上海、廣東、澳門等地相互

影響，因此僅僅在香港採取孤立的物價政策是不可取的。特別是受到敵對地區物價暴漲的影響，香港管區內也必然出現物價膨脹的現象。因此對於總督部來說，除了兩三個特例外，原則上還是放任物價的自由變化。

管區內居民的主要食物大米，採取的是當初總督部設置的配給制，由每斤（4合，1合相當於 0.1 升）20 錢的價格，逐漸漲到現在（昭和十九年一月末）的每斤 75 錢。這與其他商品物價相比，以及與周邊接壤地區的米價相比，已經非常便宜。其他同樣實施配給制的鹽、砂糖等兩三類必需品的價格，也還保持在相對較低的價位。但這些商品在自由販賣的價格方面沒有實施特別的統管。因此，如果大米的配給價格依然保持低水準，自由販賣的價格也會出現從每斤 2 元漲到 3 元的情況。[1] 這種維持配給品低價格的政策，需要總督部做出很大犧牲，而且與多餘人口的疏散政策之間會出現很大矛盾，但我們必須像父母官那樣考慮這些必需品價格的突然暴漲將給普通民眾帶來的巨大痛苦。當然，這些政策經過佔領後一段時期，需要隨著民心的安定逐漸撥亂反正。

1　編者按：日佔時期香港的大米配給制度，是港人重要的集體回憶之一。日本政府在港實施「計口授糧」的白米配給制度，由民治部按照戶向市民發出「普通購米票」，規定每人每日憑所持米票，在總督部指定的港九白米配給所配發四兩白米，價錢為每斤二十錢，後來配給量增加至六兩四錢｛參閱鄭宏泰、黃紹倫：《香港米業史》〔香港：三聯書店（香港）有限公司，2005年〕，頁 97｝。不久，因戰事的關係，泰國、越南、緬甸等供港的產米地來貨更為短缺，在供求失衡下市價大幅抽升。1944 年 1 月 18 日的《華僑日報》便報道曰：「本港當局於無可避免之情勢下，自本月十六日起，實行將白米配給公價，訂正每斤七十五錢，價格雖比前增加，而較諸各地米價為廉，吾人仍過『吃平米』之生活。唯一般投機商人，每將米價改正之頃，隨便將其他物價私自抬高，唯利是圖，不顧商德⋯⋯如大白米原售價三元一十錢者，則漲至三元九十錢至四元。」凡此，比文中所說漲價至 3 元的程度，更為嚴重。

再次，工商業方面。商業、工業和其他普通營業企業全部採取了許可制（同樣是昭和十七年香督令第 9 號），但原則上允許無條件恢復營業。另外物價也在與前述相同的原則上允許自由調整，因而使得普通商業經營非常興旺。只是在工業層面，恢復經營的業務大都認可這一點，特別是在當局認可其重要性並對此進行一定的援助。除此之外，由於原材料獲取的關係，大部分企業難以呈現出活躍走勢。各工廠中，以造船廠為代表以及煙草廠、精糖廠等重要工廠大部分為敵國產業，當局都將其委託於國人進行管理經營；其他曾由華人經營的木材造船廠、橡膠工廠、木材加工廠等我認為有需要的企業，可採取買斷或日中合併以及指導經營等形式，由國人進行經營。從原材料的獲取和維護方面來看，這是非常必要的措施。

第四，農林水產等原始產業方面。由於英國的利己政策，這一方面一直以來均未得到足夠重視。但是在大東亞戰爭持續推進的今天，無論從香港自我生存的宗旨，還是從為居民提供生活資料這一目的看，這些原始產業都應該加以鼓勵。因此當局在致力於開墾新界地區土地、指導改善圍海造田及其他農業技術等的同時，指導成立了帆船漁業組織，藉以指導帆船漁業、開拓魚製品銷路乃至指導改善捕魚製品品質等。

第五，在通用貨幣和金融方面，在佔領之初允許同時使用日圓軍票和港幣兩種貨幣。而昭和十七年的夏天，將兩種貨幣從二比一的比率改為四比一的同時，著手進行回收港幣和增加軍票流通工作。在昭和十八年四月廢止了港幣兌換軍票（針對希望獲取軍票者的兌換）的限制，逐步推進軍票單一化（一直以來軍票兌換港幣都是無條件的），並於五月十日公佈禁止使用港幣令，禁令六月一日起正式實施。至此管轄區內的流通貨幣實現了完全的軍票單一化，

為今後實施永久貨幣制度確立了基礎。此後當局繼續堅持貨幣緊縮政策，並實施其他地區匯款和銀行貸款的許可制，由此軍票的流通狀況變得更為堅實。而貨幣流通量與六月份全面完成港幣交換時相比，幾乎沒有增加。

來自各地的匯款原則上需要匯款來源地當局的許可，此外其匯款接收也需要香港總督部的允許（但除日本、滿洲、廣東的匯款除外）。再有從香港匯往各地的匯款中進口物資決算項目原則上是被允許的，但其他項目則會根據匯入地的不同多少受到一些限制。此外，銀行貸款起初由大藏省規定了相應批准事項，後來這項業務還需得到總督部的許可。昭和十八年十月二日起暫停了大藏省的批准許可權，僅需得到總督的許可。但是，由於不需要預先申請取得總督部批准，導致總督批准項目更加嚴苛，除非是真的不得不為之的，否則很難取得總督的批准。

總督部當局在昭和十七年春天，發佈了關於清算美、英、荷、比利時和重慶系銀行的文件。當前正在清算過程中，在清算工作中需要特別關注的是，利用被清算銀行資金進行相應儲備，各銀行一律採取 20% 的存款準備金制度。各銀行的資產狀況各不相同，極少數銀行的存款金額能夠實現全額付還。以佔有存款 65% 的滙豐銀行為代表的大部分銀行資金十分匱乏，比如滙豐銀行只能付還 10% 的存款（扣除清算時各項費用後只剩 5%）。當局考慮到普通存款人員，認為在各銀行局部清算時，若根據銀行各支行資產狀態進行存款付還的方式，難以實現公平。因此採取了儲備制度，由當局負擔巨大的付還資金，並一律實施 20% 的付還制度（沒有總督部援助時，實行 11% 的付還都十分困難）。

其他方面，當局對中資銀行也十分關心，一開始在存款付還

方面也採取了一定限制，但在昭和十八年春天廢止存款付還限制時，向其提供 2,000 萬港幣（500 萬元）的救濟資金，避免了中資銀行因資金困難而導致的停業。無論是上述籌措清算共同資金，還是向中資銀行提供救濟資金，都是違反貨幣緊縮政策的，而這些可以稱得上是為減輕普通民眾所受戰禍影響的慈悲舉措。

通過以上各項介紹，基本能夠看出總督部經濟方面的政策軌跡（關於財政政策方面內容將在下一章進行闡述）。筆者認為有必要討論一下海運政策情況，但海運目前還十分被動。在總督部方面只是停留在機帆船製造運營的程度，加之所謂中轉港口的利用，基本廢止了大型船舶在廣東的航行，而要求其只能停靠香港，並利用小型船舶進行沿岸運輸，因此還未恢復以香港為中心展開的南北兩條線的往返運輸業務。但是依靠這些措施，能夠為節約船隻做出巨大的貢獻，而且也認可了香港將來在大東亞中轉港口的地位和發展方向。因此，其意義絕不可小覷，而如何發揮香港的海港真正價值，則是將來討論的事項了。

附記：關於工商業和其他營業企業，在昭和十八年十二月二十五日公佈了《營業等取締規定》（香督令第五十二號），並於十九年一月一日正式實施。這是對昭和十七年三月公佈的香督令第九號（前述）中關於企業、營業及商業等規定的修改，並形成單行法。根據這一最新單行法，金融業及其他十二個項目的營業種類需要總督的經營許可，演出場所、娛樂場所及其他十五個項目的營業種類需要憲兵隊長的經營許可，而除此之外的經營項目都只需要申請備案，顯著擴大了華人的經營自由。但國人的經營規定「目前所有項目都需經過總督的批准」，這一點從未發生過變化。

第三章　財政和稅務制度

總督部如何使用和籌措軍政費屬於軍事機密，我們無從探知，但仍舊可以推知其相當部分的資金應是來源於課稅。我們可以對香港的稅務制度進行一定程度的介紹，因而在下面進行簡單闡述。

目前在香港徵收的稅項，主要有房產稅、特別房產稅、土地稅、營業利益稅、含酒精飲料稅、印花稅、遊興飲食稅、娛樂稅和房屋所有權登記稅等 9 種。上述稅項中的遊興飲食稅是在佔領後新設的稅種，除此之外其他都是照搬了港英政府統治時期徵收的稅種。在港英政府時期實施的稅種，目前還有部分未實行，即遺產稅、收入稅和馬券稅等，而當局目前似乎正在研究恢復這些稅種。下面簡略介紹一下目前這 9 種稅的課稅標準、計算方法和稅率等。

房產稅的徵收標準以稅務所長制定的出租價格為准，稅率為16%。關於房產稅的徵收，在昭和十七年七月二十五日香港佔領地總督部房產稅徵收令中規定於同年八月一日開始實施。

特別房產稅的徵收標準為出租價格合計額在 5,000 元以上的房屋，稅率為 6%。該稅於昭和十八年三月三十一日開始徵收。

土地稅主要針對港英政府時期由政府設置租地權的土地，暫且將設定租地權當時規定的一部分額度作為土地稅實行徵收。該稅種根據昭和十七年九月十三日公佈實施的土地稅令（昭和十七年香督令第四十一號）實行徵收。

營業利益稅方面，無論法人還是個人，均根據前一年度因營業產生的總收入金額，扣除獲取收入的必須費用後，對金額在 5,000 元以上的實行徵收。稅率為：① 5,000 元以上 5 萬元以下：

10%，②超過 5 萬元的部分：15%，③超過 10 萬元的部分：20%，④超過 30 萬元的部分：25%，⑤超過 50 萬元的部分：30%。在該稅種中，年收入未達到 5,000 元的免於徵稅，這讓人感覺稅負過輕（該稅種於昭和十八年四月十二日公佈實施）。

含酒精飲料稅，是針對製造和進口含有酒精的飲料而徵收的稅種。稅率為日本酒、中國酒一斗大概 12 元，啤酒一斗 7 元，果實酒每加侖 6 元，洋酒每加侖 40 元。

印花稅，是針對製作證書、帖簿等而徵收的稅種，與日本國內的印花稅大體相同，張貼印花以徵收稅款。稅率與港英時期基本相同，與日本國內相比稅率較高。該稅種根據昭和十七年十二月一日公佈實施的印花稅令（昭和十年香督令第五十號，十二月二十九日進行部分修改）實行徵收。

遊興飲食稅，是根據昭和十七年十二月十一日公佈的遊興飲食稅令（該月十五日實行）實行徵收的。該稅的設置與國內的遊興飲食稅大體相同。但稅率非常低，每人每次的遊興飲食費超過 2 元時，只徵收費用的 10%。該稅與營業利益稅相同，也有很大增稅的餘地。

娛樂稅，是根據昭和十七年十二月二十四公佈、十八年一月一日實施的娛樂稅令實行徵收的。該稅的設置與國內的進場稅大體相同，稅率採取區分階層定價制，一般徵收進場費的 12% 左右。

香港稅制在前文中也有所介紹，大部分都是照搬了港英時期的稅種，但稅率和徵收標準都進行了大幅修改。這參照了佔領前後經濟情況的變化，也是為了最大限度地引入稅收量能負擔原則。而如前文所述，營業利益稅、遊興飲食稅等還留有很大的增稅餘地，遺產稅、收入稅、馬券稅等港英政府實施的稅種還未實行，也未設置

其他的新稅種。這一方面能夠體現出當局對民生的關切，從另一方面來講也留有一定的增稅餘地，使香港總督部的財政基礎更加堅實。

第四章　金融和貨幣

第一節　金融機構

　　大東亞戰爭爆發前的香港常常擁有大量遊資，但金融流通全年都較為緩慢。香港既是巨大的中轉貿易港口，也是華人資產階層的基地。中國國內形勢一旦不穩定，便出現大量資本從大陸躲避而來，而且還有從南洋及其他地區匯來的華僑匯款，每年經過香港的資金能達到 2 億元甚至 3 億元。香港的農業自不必說，就連工業也非常少，工業資本不穩定，因而除了過年和中秋節前後之外，金融流通常常很緩慢，持續在低盈利狀態。

　　然而大東亞戰爭爆發後，英國在東亞的橋頭堡不到兩年就成為日軍的攻陷地，使香港性質發生巨變。因此新香港的金融市場，也完全脫離了以往英美的影子，而今正在形成以我國銀行為主、日中兩國銀行相協調的金融體系。

一、銀行

　　在戰前的香港，有 2 家日本銀行、5 家英國銀行、4 家美國銀行、1 家法國銀行、2 家荷蘭銀行、2 家比利時銀行、31 家中國銀行，共計 47 家銀行，其中有 15 家加盟了票據交換所。日軍佔領香港後，英、美、荷、比的 13 家銀行，以及被認定為敵系銀行的

4 家重慶系銀行，共 17 家被命令清算。

英國銀行 —— 戰前英國在香港有 5 家銀行，其中滙豐銀行、渣打銀行和有利銀行 3 家在戰前開展證券業務，都是英國以經濟侵略東亞為目的而設立的。特別是滙豐銀行（總部在香港，於 1864 年創立）與上海分行相呼應，具有英國在東亞的金融總中心的地位。滙豐銀行在以中國為中心的東亞這一重要金融和外匯市場縱橫馳騁的同時，也與香港的各種產業、事業公司建立了巨額的投資關係，在香港經濟界具有舉足輕重的地位。

其次，除發行證券銀行外，還有新沙遜和通濟隆兩家銀行。這 2 家都不是票據交換所的加盟銀行。以上 5 家銀行中，滙豐、渣打、有利 3 家於昭和十七年四月七日，新沙遜和通濟隆銀行 2 家銀行在同年五月三十日被強制清算，清算人為正金銀行。

美國銀行 —— 戰前美國在香港有 4 家銀行，分別為萬國寶通銀行、大通銀行、友邦銀行和美國運通銀行。其中前 2 家銀行為票據交換所加盟銀行，後 2 家銀行為非加盟銀行。4 家銀行於昭和十七年四月七日被強制清算，清算人為臺灣銀行。

法、蘭、比銀行 —— 法國、荷蘭、比利時系銀行有 5 家，分別為法國東方匯理銀行、荷蘭安達銀行、荷蘭銀行、華比銀行、比利時義品放款銀行。其中法國東方匯理銀行（現營業中）為法國銀行，安達、荷蘭 2 家為荷蘭銀行，均為在東亞具有悠久歷史的銀行，也都是票據交換所加盟銀行。安達、荷蘭、華比 3 家銀行於昭和十七年四月七日、義品放款銀行於同年五月二十日被強制清算。華比銀行清算人為正金銀行，其餘 3 家清算人為臺灣銀行。

中國銀行 —— 戰前在香港有 31 家中資銀行，其中有 24 家在戰後都得到允許恢復了經營。在入城後，日軍當局採取了一定條

件之下允許中國銀行全部恢復經營的政策，但隨後以敵對明顯等理由，於昭和十七年六月十五日對中央、廣東（清算人為正金銀行）、中國國寶、中國農民（清算人為臺灣銀行）等 4 家銀行進行了清算。其中廣東銀行為票據交換所加盟銀行。其他 20 家恢復經營的銀行如下表所示。其中廣東省、廣西、中南、金城、國華、新華信託、聚興誠、川鹽、福建省等 9 家銀行由於繼續經營困難或其他原因自行停業。

銀行名稱	資本	總店所在地	香港總店或分店設立時間
中國銀行	法幣 40,000,00 元（票據交換所加盟）	重慶	1917 年
交通銀行	法幣 20,000,00 元（同上）	重慶	1924 年
東亞銀行	港幣 5,598,600 元（同上）	香港	1918 年
華僑銀行	港幣 10,000,000 元（同上）	新加坡	1923 年
永安銀行	港幣 2,295,288 元	香港	1934 年
鹽業銀行	法幣 7,000,000 元	上海	1919 年
香港汕頭商業銀行	港幣 250,000 元	香港	1935 年
國民商業儲蓄銀行	港幣 1,125,160 元	香港	1921 年
中國實業銀行	法幣 4,000,000 元	上海	1938 年
上海商業儲蓄銀行	法幣 5,000,000 元	上海	1934 年
康年儲蓄銀行	港幣 407,000 元	香港	1922 年
福建省銀行	法幣 5,000,000 元	福建	1938 年
廣東省銀行	法幣 10,000,000 元	曲江	1929 年
廣西銀行	法幣 15,000,000 元	桂林	1932 年

中南銀行	法幣 7,500,000 元	上海	1934 年
金城銀行	法幣 7,000,000 元	上海	1936 年
國華銀行	法幣 1,000,000 元	上海	1938 年
新華信託儲蓄銀行	法幣 2,000,000 元	上海	1939 年
聚興誠銀行	法幣 4,000,000 元	重慶	1938 年
川鹽銀行	法幣 3,000,000 元	重慶	1940 年

目前（昭和十八年十二月末）在管轄區內營業的中國銀行有21 家，但今後還會有銀行因各種原因停業，因此如何進一步的整合中國銀行將是重建金融體系方面的一個重要課題。戰後恢復營業的中國銀行的動向和營業狀態可從下表中窺見一二。

中國銀行存款、貸款、現金餘額情況表

時間	銀行數	存款餘額（千元）	貸款餘額（千元）	現金（含銀行存款、千元）
昭和十七年十月末	20	68,137	22,629	19,231
昭和十七年十一月末	20	65,926	22,422	17,796
昭和十七年十二月末	20	65,851	22,377	18,544
昭和十八年一月末	20	64,503	22,314	17,348
昭和十八年二月末	20	63,098	21,773	17,005
昭和十八年三月末	18	56,662	20,939	14,322
昭和十八年四月末	17	52,752	20,667	12,344
昭和十八年五月末	15	15,592	5,025	7,356
昭和十八年六月末	15	15,137	5,063	6,577
昭和十八年七月末	14	15,273	4,793	6,660

昭和十八年八月末	13	14,934	4,708	6,595
昭和十八年九月末	13	14,819	4,688	6,495
昭和十八年十月末	11	14,559	4,435	6,377
昭和十八年十一月末	11	14,716	4,457	6,533
昭和十八年十二月末	11	15,004	4,475	6,872

註：截至昭和十八年四月末以港幣測算、同年五月末以後以軍票測算

　　本國銀行——本國銀行有正金、臺灣銀行 2 家銀行。這 2 家銀行在戰前均為票據交換所加盟銀行，曾由於戰爭一度停業，但在昭和十七年一月二十四日就率先在舊店舖重新開張營業，其後正金銀行轉移至原廣東銀行，臺灣銀行轉移至原「國家城市」銀行舊址，在昭示本國銀行莊嚴形象的同時，也規範著香港金融中心的未來。後來當局決定在正金銀行支行開設戰前未開設的日本銀行代理店，並於同年二月五日開業。此外，正金銀行於同年七月二十四日根據當局命令在九龍方面開設分行。

　　在促進香港經濟建設的同時，伴隨著交易協定的擴大，各工廠各公司的業務提升，資金和物資的流通也逐漸活躍起來，本國銀行的業務狀態也逐漸步入正軌。

二、錢莊

　　戰前香港約有錢莊 200 所，戰後由總督部財務部批准作為公認錢莊進行營業的有 68 所。但是由於昭和十八年六月一日起實施的新貨幣規定，他們在戰後作為主要業務的法幣與港幣兌換成為需港督批准的業務，很多恢復營業的錢莊被迫停業或轉行，現在仍在繼續營業的只有十幾家辦理華僑匯款的錢莊，而且財務部也廢止了之前公認錢莊的稱號。

華僑匯款因戰爭原因曾一度中止，但通過日本當局斡旋，於昭和十八年一月開始辦理來自印度支那的匯款，隨後來自泰國、馬來、荷屬印度及各地的華僑匯款也逐漸增多。目前辦理華僑匯款業務的錢莊為以下 15 家：道亨、榮興、富衡、永亨、永豐、鴻德、恒生、英信、廣安、鄧天福、義生、財記、永隆、麗源、發昌。

三、其他金融機構

戰後還有一些其他金融機關，如從事平民金融的華人當舖約 130 所、華人信託公司約 100 所、中國方面的保險公司 17 家（損害保險 14 家、生命保險 3 家）和第三國保險公司等。本國保險公司有國內中央部選定進駐香港公司的日本海上火災、共同海上火災、明治海上火災、安田生命、千代田生命等 5 家公司，以及戰前就派駐峴港的日本海上火災、東京海上火災 2 家公司。還有本國 25 家保險公司（損害保險 18 家、生命保險 2 家）的代理店。

第二節　貨幣

港英政府與 1935 年（昭和十年）南京政府的幣制改革相呼應，在禁止白銀輸出的同時實施白銀國有政策，將以往銀本位的港幣按照對英鎊 1 先令 3 便士左右的比例與英鎊掛鈎，實施英鎊兌換本位的貨幣管理制度。

一、戰前的貨幣

戰前香港的流通貨幣有港幣、舊法幣以及其他外國貨幣等，但法定貨幣為港幣，其中包括以下三種：滙豐、渣打、有利等 3 家貨幣發行銀行的紙幣，幣種包含 500 元、100 元、50 元、10 元和 1 元等，但 1 元港幣的發行權僅由滙豐銀行掌握；港英政府發行的

1 元港幣，這是幣制改革時作為緊急貨幣而發行的；港英政府發行的硬幣，鎳幣（10 分、5 分）、銅幣（1 分）。

戰爭爆發前港幣的流通量有多少呢？截至昭和十六年十二月二十五日 3 家幣類發行銀行發行的貨幣量約為 2.9 億港幣，政府發行的紙幣和硬幣約為 1,200 萬港幣，合計 3 億左右港幣。初步推測其中在現總督部管區內的數量約為 2.5 億港幣。

在舊法幣及其他外國貨幣方面，戰前香港並不承認舊法幣的流通使用，但允許兌換，而且需在中國系銀行辦理法幣存取業務。

戰前香港的法幣數量大概在 3 億元，推測其中在銀號及其他機構的持有量為 9,000 萬至 1 億元，銀行持有量為三四千萬元，民眾手中有 1.5 億元左右。戰前在香港可兌換的外國貨幣以美元、英鎊為主，還有菲律賓群島、印度支那、泰國、新加坡等地的紙幣和貨幣。

二、戰後的貨幣

攻陷香港後，日軍當局開始使用軍票，但並未立即採取排擠港幣的激進政策，而是制定了軍票和港幣按照二比一的兌換比例，允許二者同時存在。其後的昭和十七年七月二十四日，當局將港幣對軍票的比例下調至四比一。同時從公共課稅開始，限定使用軍票作為對總督部繳納的幣種。此外還為軍票實際需求者設立了軍票兌換所，以積極擴大軍票的流通面。如此一來，軍票實現了非常順暢的流通。不過到了十八年二月中旬，與上海和其他鄰近地區的投機者相呼應，當地投機靈通人員回收港幣的現象突然抬頭，隨後逐漸掀起了一股浪潮。但進入四月份之後，近乎瘋狂的港幣投機性買入逐漸冷卻下來，到了四月中旬，軍票兌換所又轉換為順差交換。隨

後當局在五月十日公佈了最新貨幣規定，要求在六月一日後禁止港幣流通，至此在管區內實現了真正的貨幣單一化，管區內的貨幣調整也告一段落。[2]

第五章　物價

　　戰時經濟下的物價政策是最困難的問題之一，在香港的應對更是遭遇了特殊困難。這樣說主要是出於兩個原因，首先香港是消費型城市，而不是生產型城市，其次香港異常繁榮的貿易基本都已中斷。因此物價層面的狀況也是千姿百態，其應對措施異常困難，且需要十分謹慎。

　　再有，關於物價的對策，需要建立完備的調查和整治機構，但在實施軍政的現階段，這是無論如何也難以實現的。採取機械式政府定價政策甚至低物價政策，難以抑制自由貿易的發生，此外從香港的地理環境來看，甚至會招致更為惡劣的結果。之說以這樣

<hr />

2　編者按：日治政府為應付通貨膨脹，大量印刷紅色一百日圓的軍票。這些軍票，由內閣印刷局位於中環華人行的秘密印刷工場濫印，貨幣質素低劣，以厚紙平版印製，沒有水印，極易仿造。目的就是通過自由市場渠道，以軍票換取貨幣購買實物的能力，在短時間內經濟墊支，以維持管治用度。1941 年 12 月 31 日，軍票開始確定在九龍兌換，作為軍隊佔領地上擬發貨幣的要據，翌年 3 月 31 日，更透過香港的中華書局、商務印書館、大東書局的印刷廠就地印刷軍票。兌換率也從起初二元港幣兌一圓軍票，至 1942 年 7 月的四元港幣兌一圓軍票，1943 年 6 月更全面強制使用軍票，導致物價飛升。戰後，港澳地區不乏軍票的大量持有者，隨著宣佈軍票無效，市民蒙受巨大損失。它違反了《海牙第四公約》第 46、47 條的國際法，禁止於戰場沒收私人財產和禁止掠奪，成為國民向日本二戰索價的長期焦點。

說，是因為由此導致香港物資散失的同時，還有可能阻礙外來物資的流入。因此總督部在生鮮食品方面從整治零售市場入手，努力調整供給，以實現價格穩定。除上述外的物資方面並未採取特殊的物價抑制政策，而是採取了專門宣傳方式，引導民眾放棄囤積、惜售、獲取暴利等行為。

在生活必需品方面，香港與日本國內最低必要量配給政策不同，並未採取封頂政策，即配給量僅夠維持生活的政策。憑配給量難以維持生活者，可到市場進行自由購買。比如每個華人每天配給0.4斤大米，如果需要更多大米，其可以毫無障礙地到市場自由購買。在這一點上，與日本國內的配給制度在方法和精神上有很大區別。這是基於國內和香港各方面的不同形式所決定的。如果不能清晰理解國內和香港在配給制度上的差異，就有可能對香港配給制度及物價產生誤解。

國內的配給制，不允許在市場上自由購買配給制度規定的生活必需品。因此如果在市場購買配給量之外的物資，則被稱為黑市交易。這種市場叫作黑市，這種價格叫作黑市價格。然而香港的配給制度與國內的封頂制度不同。因此即使在市場上購買配給量之外的物資，也不會被認定為是黑市交易，只不過是自由貿易而已，其市場為自由市場，價格為自由價格。當然自由市場的價格要比配給價格高出很多，然而這並不是「黑市價」。但是，綜合考慮各種情況之後被認定為價格過高，賺取巨額暴利之時，就會被取締。例如，參考周邊地區物價和運費之後被確定為價格過高者、囤積跡象明顯者、將配給物資流入市場以獲取暴利並阻礙軍政實施者，將被取締並給以懲罰。如此只要未賺取過分高昂的利潤，就會被允許進行自由買賣。因此，在香港民眾中雖然也使用黑市一詞，但其與國

內的黑市意義並不相同，只是單純的自由市場。

如上所述，總督部在生活必需品方面採取管理配給制，在生鮮食品方面對零售市場進行整治，除上述之外的物資，不採取特別的物價抑制政策。關於上述前兩類物品的配給制和零售市場將在後面的第六章〈貿易‧商業及配給〉中繼續闡述，本章以介紹主要商品的物價變動情況為主。

在這裡展示的資料均由民治部工商課統計而來。這是到目前為止唯一的完整物價調查。調查時間以昭和十八年五月末為終點，通過將調查範圍的內容與戰前調查進行比較，能夠得到有益信息並可加以利用。本次調查，據調查要領進行了如下闡述。

1. 在管轄區內選取數家較大個人店舖或百貨商店，根據其價格提示或參考其賬面紀錄，以盡可能調查同一品質商品的物價。由於商品品質的種類繁雜，有可能難以得出非常準確的價格，但可參考此資料來大致了解物價的變化趨勢。

2. 調查範圍以短時間內的日常生活必需品為重點，其品目限定在如下範圍。

（1）食品 47 種；

（2）蔬菜水果 32 種；

（3）肉類：①豬肉 5 種，②牛肉 6 種，③雞肉 4 種，④魚肉 7 種，⑤鹹魚乾 5 種；

（4）酒類 21 種；

（5）燃料 7 種；

（6）紙類 27 種；

（7）棉布類 9 種；

（8）西服材料 18 種；

（9）西藥及中藥：①西藥 15 種，②中藥 10 種；

（10）電力器具 17 種；

（11）金屬製品 26 種；

（12）雜貨：①化妝品及香料 33 種，②肥皂 9 種，③襯衣類 7 種，④內衣類 8 種，⑤衣物裝飾 7 種，⑥帽子 3 種，⑦鞋襪 9 種，⑧毛線 6 種，⑨毛絲製品 9 種，⑩浴巾及手巾 13 種，⑪床單及桌布 10 種，⑫毛毯 8 種，⑬皮革製品 17 種，⑭雨傘 5 種。

3. 單價以戰前軍票港幣匯率為基準，將其等價換算，以昭和十六年九月末為 100，用軍票求得其後的比例。

根據調查要領中第三項，首先大東亞戰爭爆發前軍票對港幣的兌換比率為一比一，即 20 分港幣相當於我 20 分軍票。其次以昭和十六年九月末時的港幣的價格為 100，求得其後用軍票顯示的價格和十六年九月末價格的比例。即如果昭和十六年九月末的價格為 20 分港幣，昭和十八年五月末用軍票顯示的價格為 20 錢，則其比例沒有變化，仍為 100，而如果價格為 30 錢，則其比例為 150。

那麼根據此次調查，對昭和十六年九月末、十七年三月末、同年九月末和十八年五月末的主要品種物價進行比較，並展示如下（× 為自由市場價格、△為政府定價）。

品名	單位	昭和十六年九月末（港幣）	昭和十七年三月末（軍票）	昭和十七年九月末（軍票）	昭和十八年五月末（軍票）	昭和十六年九月末為100，昭和十八年五月末的指數
一、食品						
白米 （大米）	斤	0.20	0.20	0.30	×2.05、 △0.30	1,025、150
砂糖、24號 白砂糖	斤	0.18	0.70	0.55	×3.50、 △0.60	1,944、333
食鹽	斤	0.05	0.35	0.13	×2.05、 △0.30	800、400
食用油	斤	0.37	1.60	1.40	5.50	1,486
雞蛋	個	0.05	0.25	0.30	0.40	800
中等醬油	斤	0.20	0.20	0.30	1.50	750
二、蔬菜水果（中央市場指定價格）						
土豆	斤	0.12	0.43	0.72	0.96	800
白菜	斤	0.18	0.16	0.18	0.23	192
蔥	斤	0.08	0.25	0.27	0.43	525
三、肉類						
豬肉	斤	1.50	3.73	3.02	5.33	355
牛肉	斤	1.30	2.40	2.40	3.60	277
雞肉	斤	2.40	/	3.70	10.40	433
大魚	斤	0.85	/	1.10	1.20	141
鹹魚乾	斤	0.50	0.75	1.20	1.07	214
四、酒類						
威士忌 （尊尼獲加）	大瓶	11.00	12.00	41.00	95.00	864
金酒 （哥頓黑）	大瓶	4.50	3.00	6.00	32.00	711

五、燃料						
柴	斤	0.022	0.04	0.04	0.08	364
火柴 （香港造）	包	0.25	1.60	0.42	0.75	300
六、紙類						
平版報紙	32英寸 × 43英寸·令	11.50	16.00	26.00	170.00	1,478
模造紙	31英 × 43英寸·磅	0.58	1.00	1.60	8.50	1,466
七、棉布類						
上海品細布	12磅 40碼	26.00	26.00	37.00	220.00	846
八、西服材料						
英國造冬裝 DORMEUIL	58英寸·碼	50.00	62.00	78.00	120.00	240
亞瑟英國造 條紋布	56英寸·碼	20.00	27.00	42.00	100·00	500
英國造白麻布	28英寸·碼	7.00	8.50	10.00	30.00	479
九、工業藥品及中藥						
碳酸	磅	1.20	—	5.00	27.00	2,000
硫酸	磅	0.40	/	0.50	3.80	950
中藥 （防感冒）	百斤	70.00	120.00	180.00	180.00	257
中藥 （大黃）	百斤	200.00	100.00	140.00	180.00	90

（接上）

十、電力器具						
40 瓦燈泡（華德）	個	0.30	0.30	0.50	1.50	500
香港造 3B 牌手電筒	個	2.80	2.80	3.20	3.50	125
上海南華 16 英寸吊扇	個	39.00	39.00	46.00	60.00	154
無線 6 球 R.C.A.Q.22	臺	90.00	130.00	175.00	215.00	239
十一、金屬製品						
上海三角牌中國鍋	個	1.50	1.50	4.50	6.00	400
2 磅罐（立興）	個	2.50	2.50	3.00	7.00	280
十二、雜貨						
剃鬚刀	套	2.50	2.80	4.00	6.50	260
化妝肥皂（白皇）	個	0.35	0.70	1.20	3.50	1,000
香港宇宙標記襯衫	件	4.50	4.50	8.50	20.00	444
香港製針織衫（金爪牌）	件	2.00	3.00	5.00	7.00	350
香港造領帶	條	0.95	0.95	1.50	3.00	316
帽子（英國製冬帽太子印）	個	12.00	12.00	17.00	23.00	192
上海扎華男襪	雙	0.60	0.60	1.00	2.00	333
上海製蜂巢牌四本毛線	磅	8.00	11.00	20.00	30.00	375
英國製飛行 T 恤	件	12.50	15.00	25.00	35.00	280

香港製富華興 白浴巾	條	0.60	0.60	0.85	3.00	500
英國製床墊	張	7.00	9.50	15.00	25.00	357
英國製 2 磅太 平白花紋毛毯	條	55.00	60.00	90.00	150.00	273
上海製 （66×84） 寶安花紋毛毯	條	29.50	43.00	58.00	80.00	271
中國製男短襪	雙	9.50	9.00	13.50	65.00	684
啟昌旅行 0 箱 （30 吋）	個	25.00	22.00	45.00	300.00	520

　　以上展示的各類物資價格出現了相當程度的上漲，對比昭和十六年九月末和十八年五月末，可知砂糖的市場價格上漲了 19 倍、食用油上漲了近 15 倍、白米上漲 10 倍、紙類上漲了近 15 倍。但是物價上漲的主要原因是受香港周邊地區物價影響，而且與上海、廣東的物價相比，香港物價上漲程度還算較小的。[3] 這與香港的自身庫存有很大關係。

3　編者按：二戰時期港區的通貨膨脹十分嚴重，因物資供應短缺，加上軍票的濫發，造成物價飛升。根據另一份日人的經濟統計資料，假設 1940 年為標準物價指數 100 單位計算，1944 年 10 月，大米上升至 3,214.3，煮食木柴是 6,171.4，馬鈴薯要 11,000 的天價，是 32 倍到 110 倍，並非文中所述的 10 倍到 20 倍。參閱齊藤幸治，〈廣東小賣物價指數（統計）〉，《月刊香港東洋經濟學報》（第一卷第七號、第二卷第一號）（香港：香港東洋經濟社，1944 年 12 月），頁 30；1945 年 2 月，頁 30。

第六章　貿易・商業及配給

第一節　交易機構和商社

　　香港作為將來共榮圈內物資貿易的中轉地，肩負著特別重大的使命。但當前大東亞戰爭正在進行，其使命主要被限制在船隻調整上的中轉作用，而作為貿易中轉地的作用還未真正發揮出來。

　　現在香港貿易是根據與大東亞共榮圈內各地區的緊密聯繫的物資交易計劃而進行的。為適應該計劃，在香港和國內、臺灣、滿洲、華北、華中、泰國、印度支那及南洋佔領地之間的交易中，附加了強力的統一管制手段。為實行管制，當局於昭和十七年十月成立主要由國人商社結成的香港貿易組織，由該組織成員負責所有進出口（原則上禁止無結算出口政策）。

　　此外，與周邊地區（廈門、廣東省、澳門、廣州灣）的交易，在出口批准制度下，可經由普通日中貿易商較為自由的開展，但在昭和十八年七月十五日以後，開始對主要民用物資以外的商品進口實施批准制，更於十月一日以後對來自廣州灣和澳門的所有商品進口實施批准制，以期充分利用獲取生活必需品的資金。

　　香港貿易組織的統管機構如下所述。即將構成組織的各會員區分為進出口組織會員和配給組織會員，進口物資原則上經過配給組織會員配給於零售商，而配給組織會員之間的買賣是被禁止的。貿易組織會員如下所示（截至昭和十八年十二月末）：

　　岩井產業股份公司、伊藤商行、岩田產業股份公司、股份公司市田商會、服部貿易股份公司、日綿實業股份公司、日商股份公司、南日本音鄉股份公司、日本海洋漁業統制股份公司、股份公司

西村商會、日扇興業股份公司、本田洋行、堀內書店、盈成商行、南洋棉花股份公司、東記洋行、東洋工業商會、中和商業公司、中榮洋行、兆榮洋行、中香洋行、林大洋行、越智洋行、折田洋行、王永星洋行、大倉產業股份公司、渡邊產業公司、東華洋行、股份公司加藤商會、加藤物產股份公司、華昌洋行、河村洋行、開洋興業股份公司、加藤洋行、華南運銷公司、高島屋飯田股份公司、股份公司竹腰商店、泰福洋行、大成洋行、股份公司大同洋紙店、大丸興業公司、臺灣日蓄股份公司、田中洋行、大陸貿易公司、臺灣青果股份公司、武田製藥工業股份公司、竹村棉葉股份公司、第一製藥股份公司、股份公司鶴穀商會、股份公司中村商會、南華商業公司、股份公司南興公司、野崎產業股份公司、山內製藥股份公司、丸山商店、丸永股份公司、股份公司松阪屋、前田洋行、股份公司協同組、吉昌洋行、協元順、協榮洋行、股份公司福岡玉屋、股份公司福大公司、鄉原洋行、江商股份公司、公誠公司、興亞書店、安宅興產業股份公司、淺野物產股份公司、株會安部商店、三羊公司、三興股份公司、櫻商行、美豐洋行、三菱商事股份公司、三井物業股份公司、上海紙業公司、信和洋行、振山公司、鹽野義製藥股份公司、時達洋行、新興股份公司、新東貿易股份公司、白木貿易股份公司、昭和貿易公司、廣松洋行、百興洋行、平岡公司、森田洋行、森下仁丹股份公司、山口洋行、石油聯合股份公司、中華出光興業股份公司。

第二節　貿易情況

除了水產業，香港幾乎沒有什麼原始產業，糧食、原材料和其他重要物資都需要依賴共榮圈內各地區提供。比如大米依賴泰國

和印度支那進口，食用油依賴華北、滿洲和南洋各地區進口，麵粉依賴華中進口，絹、棉絲布依賴國內、華中進口，橡膠、錫、燃油、木材依賴南洋各地區進口，各種機械、原材料、藥品依賴國內和華中地區。因此香港的出口物資，除了鮮魚、鹹魚乾等，幾乎都是從上述地區進口原料加工而來，甚至是戰前以來的庫存。幸運的是，通過精糖、無嘴捲煙等大量出口，能夠回補一部分上述物資進口的資金。

此外，還要從廣東、澳門、廣州灣和其他地區進口牛、豬、蔬菜、水果等日常生鮮食品。

最後，筆者按照地域區分，在以下列出了香港依賴共榮圈各地區的物資，以及香港向這些地區供應的物資。

地域	需求物資	供應物資
國內、華北、華中、滿洲國	豆類、豆粕、食用油、麵粉、棉絲布、鏡子、捲煙紙、煤炭、鴉片	砂糖、葦蓆、白棕繩、中藥
南洋各地區	大米、煤炭、木材、柴、生橡膠、雜穀、煙草葉、椰油、藤、胡椒、錫、原糖、蕉麻	砂糖、捲煙、雜貨、棉製品、火柴、白棕繩、中國土產紙、中國藥品、葦蓆、洋紙、茶、蔬菜種子
沿岸各地區	捲煙紙、葦蓆、土產紙、土木建築材料、中國酒、煙草葉、桐油、土糖、食用油、中藥、家畜、家禽、蔬菜、水果、蛋類、雜穀類、木炭、柴、陶器、鹽	棉織物、棉製品、捲煙、洋紙、橡膠製品、中藥、鹹魚乾、火柴、藤、雜貨

第三節　商業情況

　　戰前香港的商業，作為消費城市和世界貨物的集散地十分活躍，相當數量的商人們也憑其資本實力在香港從事貿易。戰後世界經濟形勢發生突變的同時，運輸的困難很大程度上阻礙了這些商人原本的經濟活動。昭和十七年三月二十八日，根據香督令第9號文件，物資的進出口和企業營業等一切活動都必須遵從許可制度，也在一定程度上影響了香港的商業活動。

　　截至昭和十八年九月末各行業分佈情況如下（根據經營許可統計）：許可總數為42,000件，其中商業佔68%、農林水產業佔11%、交通業佔10%、工業佔2%、貿易業佔1%、其他佔8%。其中日本國人進駐香港經營的情況如下表所示（單位：件）。

類別	數量	類別	數量
一般貿易	87	西服商	3
沿岸貿易	84	五金商	3
食品雜貨商	42	建築材料商	2
雜貨商	19	舊貨商	2
煙草商	7	照相機器材商	2
船具商	6	洗滌業	2
點心商	5	百貨商店	2
唱片商	4	運動器具商	1
雜品販賣商	4	打字機商	1
鐘錶商	3	電器商	1
水產商	5	葬具商	1
書商	3	門窗商	1

繡品商	3	柴炭商	1
和服商	3	總計	297

根據上述數據可知，貿易業者佔其中大多數，除一部分特定商社外，在佔領兩年後的今天，國人商社的商業經營活動仍較為低迷。

第四節　生鮮食品市場

香港的生鮮食品市場主要是零售蔬菜、水果、雞、雞蛋、生牛、生豬的香港大賣場，零售鮮魚和鹹魚乾等海鮮類的香港水產市場，以及接受這兩個市場供給，以供應普通消費者的由政府設置的小市場等 3 種。

港英政府時期的市場，是政府衛生局主管的直營業務，重點放在衛生設施方面。因此露天攤位遭到嚴厲取締，只是考慮到普通消費者的便利而在十分有限的區域內，承認取得營業執照的所謂露天商販售賣蔬菜或水果。

對於日軍佔領後出現的被稱為畸形產物的露天商販，並未以政府強制力對其進行嚴苛的取締，而是在開設零售市場的同時，還根據佈告設置了露天售賣指定區域。但隨著市場整治，這些擺攤的小商販早晚會逐漸被吸收進市場中。下面是對各市場的說明。

1. 大賣場（農產、生鮮、糧食）──攻陷香港後，根據與廣東簽訂的交易協定開始進口農產生鮮糧食等物資。與此同時，軍政府民治部指導建立了收貨組織，負責進口物資的收取和處理。昭和十七年二月二十日成立佔領地總督部後，指導監督權也移交給總督

部，以繼續處理相關業務。然而後來由於各種原因，該組織逐漸分解了。昭和十八年八月一日由在港的農產生鮮糧食經營業者（日中商人 40 餘人）共同出資 10 萬元，成立了香港大賣場組織。該市場在香港西住吉通開設，隨後又在九龍油麻地設置了分場，分為蔬菜生果部、家畜部和家禽蛋部等 3 部，並設置了專職中間人，負責農產生鮮糧食的供給調整和正常價格維持。

2. 水產市場 —— 攻陷香港後，當局為獲取水產物資結成了漁業者組織，但發展過程中逐漸解散。昭和十七年十月八日，日本水產公司、天草水產公司、中國帆船漁業者組織、魚欄團體等作為會員，籌備成立了資本為 50 萬元的香港水產批發市場組織。該市場在香港山王臺開設，後於九龍油麻地設置分場，以適應活躍的水產品供給調整。另外最近還積極籌備在香港筲箕灣開設分場。

3. 零售市場 —— 零售市場方面，於昭和十七年一月四日恢復了港英政府時期的 22 個公設市場，其中香港 11 個、九龍 9 個，以應對民眾需求。但隨後由於市場中商人的增多和兩大批發市場的開設以及部分其他原因，又逐漸增加了部分零售市場，至此香港有 14 個、九龍有 13 個，一共開設了 27 個零售市場。昭和十八年七月三十一日，每個零售市場都結成了零售商組織，並進一步整合成為香港零售市場組織聯合會，以協調統籌該行業的發展。而後鑒於這一系列情況，零售市場逐漸脫離了總督部直營，從昭和十八年十月起由聯合會代為經營和行使相應職權。

另外，大賣場和水產批發市場在昭和十八年前半期（一月至六月份）平均每月的營業量及營業額如下所示。

種類	營業量	營業額（元）
一、大賣場		
水果蔬菜類	2,021,186 斤	536,297
家畜類	114,007 斤	266,877
家禽類	17,408 斤	70,636
生蛋類	352,195 個	86,887
二、水產批發市場		
鮮魚類	471,463 斤	392,109
鹹魚乾類	438,586 斤	321,660
淡水魚類	152,307 斤	262,823

第五節　生活必需品的配給

　　生活必需品的順暢配給是保障民生的必要條件。在戰前自由主義經濟結構下，各華人商社根據利益計算來調整合理的供給關係。但前文也已經闡述過，戰爭爆發以來由於船隻等關係，華人從海外進口物資、引進外資十分困難，而在總督部的指導下，轉而由國人代為經營。但是，無論如何也不可能像以前那樣自由的進口物資了。只能確保最低限度的供應量。在這種形勢下為了防止物資配給不均，在必要限度內實現公平分配，正逐漸協調確立施政後的配給機制。當前的配給機構和配給物資如下所示，國人使用存摺，而華人採取票券制。

一、配給物資及配給機制

△白米（昭和十七年三月二十日實施）

總督部白米代理組織 ⟶ 配給所 ⟶ 消費者
⟶ 特別增配米消費團體

△麵粉（昭和十七年三月二十日實施）

總督部 ⟶ 配給所 ⟶ 消費者

△香煙（昭和十七年五月七日實施）

生產工廠 ⟶ 代理人 ⟶ 零售業者 ⟶ 消費者

△砂糖（昭和十七年五月三十日實施）

總督部 ⟶ 糖商組織 ⟶ 消費者
⟶ 業務用

△食用油（昭和十七年六月二十九日實施）

總督部 ⟶ 食用油批發組織 ⟶ 配給所 ⟶ 消費者
⟶ 業務用

△食鹽（昭和十八年一月二十五日實施）

總督部 ⟶ 食鹽批發組織 ⟶ 配給所 ⟶ 消費者
⟶ 業務用

△味噌（昭和十八年八月十六日實施）

總督部指令 ⟶ 生產工廠 ⟶ 配給所 ⟶ 消費者

△柴炭（昭和十八年八月二十六日實施）

柴炭組織 ⟶ 配給所 ⟶ 消費者
⟶ 大宗消費者

△火柴（昭和十八年九月四日實施）

總督部 ⟶ 火柴代理組織 ⟶ 配給所 ⟶ 消費者
⟶ 特殊消費者

配給物資政府定價變化表

昭和時間	單價	昭和時間	單價
白米（錢／斤）		麵粉（錢／斤）	
十七年三月二十日	20.0	十七年三月二十日	50.0
十七年十月十八日	30.0	十八年三月一日	90.0
十八年九月一日	37.5	十九年一月一日	200.0
十九年一月十六日	75.0		

昭和時間	白砂糖單價	紅砂糖單價
砂糖（錢／斤）		
十七年五月三十日	55.0	50.0
十八年五月一日	60.0	55.0
十八年十二月一日	70.0	65.0

昭和時間	花生油單價	椰油單價
食用油（元／斤）		
十七年六月二十七日	／	1.40
十八年八月六日	5.00	3.50

昭和時間	單價
鹽（錢／斤）	
十八年一月二十五日	20.0
十八年十月一日	24.0

昭和時間	單價
柴（錢／斤）	
十八年八月二十六日	12.0
十八年十月二十日	18.0

昭和時間	單價
火柴、味噌	
參考第 138 頁	

其中味噌一般只配給國人，麵粉只配給國人和第三國人。此外，配給國人的物資不僅有前述的配給機制，還另外設置了國人物資配給所，按照總督部 —— 配給所 —— 消費者的機制進行配給。

二、華人配給量和配給價格

品種	每人每月量	單價（每斤）
白米	12.0 斤	70.0 錢
砂糖	0.5 斤	白糖 70.0 錢 紅糖 55.0 錢
食用油	0.6 斤	花生油 5.00 元 椰油 3.50 元
鹽	0.5 斤	24.0 錢
火柴	5 人以下 5 盒 6 人至 10 人 10 盒 11 人以上 15 盒	10.0 錢 / 盒
味噌	1.2 斤	75.0 錢
小麥	第三國人 0.6 斤 國人 1.0 斤	200.0 錢
柴炭	10.0 斤	18.0 錢

此外，各品牌香煙在昭和十九年一月末時的政府價格如下所示（各 10 支）：五華（45 錢）、玉葉（65 錢）、紅錫包（1 元）、老刀（1 元 40 錢）。

第七章　工業

第一節　戰前的香港工業

香港在大東亞戰爭以前擁有非常發達的近代工業，主要有造船、船塢、帆船、白棕纜、氧氣、小麥酒、香煙、清涼飲料、精糖、糕點製作、火柴、塗料等工業，其中大部分屬於英國人經營。此外，華人經營的中小工業還有木材造船工業、小型船舶修理業、木材業、橡膠業、織布工業及其他纖維工業、手電筒工業、製藥業等等。

佔領香港後，我們並沒有使用一切可能的手段活躍這些工業。現在的香港工業是如何增強生產力的，很遺憾還不得而知。但從戰前香港所保有的工業種類來觀察，就不難想象香港工業還是很龐大的。現在將戰前的主要工業紀錄如下：

一、造船、船塢

    1. 香港黃埔船塢有限公司

    2. 庇利船廠

    3. 太古船塢公司

    4. 英國海軍工作部

二、化學工業

    1. 天廚味精廠有限公司香港分廠

    2. 遠東酸業乙炔公司

    3. 國民製煉油漆有限公司

    4. 國光製漆有限公司

三、繩纜、製釘工業

1. 香港麻纜廠

2. 香港製釘廠

四、食品及奢侈品製造

1. 香港啤酒釀造公司

2. 屈臣氏

3. 太古糖坊

4. 大英煙草公司

5. 連卡佛公司

五、火柴業

1. 大中國火柴股份有限公司

2. 香港火柴廠

第二節　香港的各工業部門

一、造船業・船塢

在戰前的香港，作為港口核心工業的造船業十分發達，其中香港船塢（香港黃埔船塢有限公司）和九龍船塢（太古船塢公司）是兩大著名造船廠。香港船塢由英商太古洋行經營，於 1901 年（明治四十一年）創立，公司創立之初主要是經營船舶修繕業務，近年從英國進口了主要機械在該造船廠進行船體建造。截至我軍佔領時，建造的大小船舶已超過 300 艘。九龍船塢屬於英商天祥洋行系統，於 1866 年（慶應二年）設立，主要經營著九龍船塢和大角咀船塢。

除了上述兩家船廠外，還有屬於香港船塢系統的庇利船廠（庇利船塢）、英國海軍工作部的船塢以及中國經營的小型船隻和帆船

修理廠等數十家船廠。這些工廠構成了香港的造船、船塢工業。我軍佔領香港後，除了充分利用這些造船、船塢設備外，還新設立了數家機帆船造船廠，為強化海運能力發揮了重要作用。

二、化工業及其他

化學工業在戰前也已經有所發展。其中最大的公司為天廚味精廠有限公司的香港分廠。該廠為華人經營，總公司設在上海（大正十二年〔1923 年〕於上海設立），昭和十二年（1937 年）中日戰爭擴大至上海而導致經營困難，因而在香港設置了分廠。在香港開設分廠時僅建設了味精工廠，在我軍攻陷廣東後，迫於鹽酸匱乏，為自給自足而開設了鹽酸工廠。最終形成鹽酸、燒堿、味精等一系列生產線。

其次是遠東酸業乙炔公司（總公司位於法國巴黎，經營者為英籍法國人）在戰前主要是製造氧氣和乙炔。再有青洲英坭公司鶴園工廠（英商怡和控股系）的水泥製造、國民製煉油漆有限公司（華人經營、資本 15 萬港幣）和國光製漆有限公司（華人經營、資本 10.75 萬港幣）的塗料、瓷漆、清漆、纖維素漆製造等。此外還有香港麻纜廠隸屬英商旗昌洋行（西瓦・特慕斯），主要是從菲律賓群島進口蕉麻以製造白棕纜繩，該製品作為船舶用繩索因品質優良而廣為人知。

製釘工廠方面主要有香港製釘廠（華人經營）。

三、食品及奢侈品製造

戰前香港的食品和奢侈品製造加工業，受惠於香港本身龐大的本地消費和華南、南洋方面的巨大市場，因而十分發達。特別是充分利用香港中轉貿易港口優勢，大量進口原料進行製造加工後，

再到東亞全域尋找銷路,尤其是精糖業等,作為英國在東亞政治、經濟侵略的重要一環,不僅是整個中國,連滿洲、日本等地也由其供應相關製品。

在這些工業中,香港啤酒釀造公司於昭和八年(1933 年)在印度人拉斯特·金的主導下,為防範當時由日本、新加坡、上海、澳洲等地進口而來的啤酒以及由爪哇島進口的酒精,籌備 150 萬港幣資本(內部繳納 80 萬港幣)設立了該公司。然而該公司仍被進口啤酒和進口酒精的殘酷競爭打倒,業績並沒有實現預期成績。該公司戰前的生產能力為啤酒每月 3,800 箱(4 打裝)、酒精 60 石(1 石約合 0.18 千升)。

清涼飲料工業在戰前也十分發達。此類工廠作為屈臣氏公司的一個事業部門於 1885 年設立,該公司的資本在戰前為 150 萬英鎊。戰前的生產能力為每天 6,000 打,在戰爭前一年的全年生產量為 319,000 打。產品種類有橙汁、可口可樂等多達 19 種。

在精糖工業中有太古糖坊等。該公司於明治二十七年(1894 年)在英國商社巴特菲爾德和太古公司下設立,資本為 20 萬英鎊,過去半個世紀一直向東洋全域供給精製糖,為英國在東亞的政治經濟勢力擴張做出巨大貢獻。後來當局看到日本製糖業有了長足進步,便逐漸向滿洲和華北等方面出口相關產品,以尋求新銷路。此外,該廠還同時向中國全境、印度支那、馬來、緬甸、印度等方向出口。而該廠的年生產量約為 10 萬噸(170 萬擔)。該廠自創設以來連續運轉 50 年,而且在距今約 10 年以前還對設備、機器等進行了一次大改良。

戰前港英政府對煙草業未加任何限制,允許完全的自由競爭,結果促使香港煙草業非常發達,從美國、菲律賓群島、南洋、

印度等地進口煙葉原料進行加工，生產的香煙不僅提供香港本地消費，還出口中國全境及菲律賓群島和南洋等地，成為香港的重要工業之一。戰前香港的香煙工廠約有 10 家，其中具有較大資本的近代化香煙工廠主要是英美資本的大英煙草公司和華人資本的南洋兄弟煙草公司兩家。前者在大東亞戰爭前每個月可生產 9,000 箱（每箱 5 萬根），並主要進行黃金葉（Gold Flake）、白錫包（Capstan）、大使館（Embassy）等品牌的高級香煙的製造加工。後者為總公司設在上海的南洋兄弟煙草公司的香港分店（資本為 1,250 萬元），戰前一個月的生產量超過三四千箱，並且銷路已擴至南洋等地。

香港戰前的糕點業也已經十分發達，出現了英美資本、華人資本的各種大小糕點工廠，其中最大的當屬英國系連卡佛公司（成立於昭和十三年）經營的糕點工廠。

四、火柴業

戰前香港有實力的火柴製造業有香港火柴廠和大中國火柴股份有限公司兩家，均為華人資本公司，且業績十分良好。兩家公司每月一共可生產三四千箱火柴，假設香港人口有 100 萬人，每人每月 3 盒的消費量的話，香港本地的消費量每個月也不過 420 箱。因此香港的火柴工業與其他的加工業一樣，也是依賴海外進口原材料，並將幾乎全部的產品都銷往海外。原料進口地主要是美國、青島、上海、新加坡、歐洲等地，從這些地區進口化學製劑、木材、紙類及其他原料，經過加工製造，銷往南洋、菲律賓群島、馬來、英國、美國等廣闊地區。

第三節　華人工業的現狀

　　根據民治部工商課的調查，截至昭和十八年十月末，在香港的華人經營工廠多達 850 家（其詳細列表附後），其中企業最多的當屬織布業，有 340 家。再加上絲織業（絹織業）5 家、毛巾製造業 14 家、紗布織布業 1 家、羊毛毯內衣製造業 8 家、襪子製造業 7 家、染布業 22 家、手絹製造業 2 家等，纖維工業方面的工廠有多達 399 家，佔所有工廠的一半。其次較多的是五金業（金屬工業），製造修理和製造販賣兩個方面共有 79 家工廠。另外還有釀酒業 51 家、電器相關工業（電器業、電池業）32 家、樹膠業（橡膠工業）20 家。

　　在未來，香港作為大東亞貿易中心再次復活時，這些華人工業也一定會有較大的發展。只是在這裡要考慮的是，華人工業的技術和設備水準普遍較低。一直以來香港華人工業的優勢都是其廉價而豐富的勞動力，但從相反的角度來看，這也在很大程度上阻礙了技術和設備的進步更新。因此，為了華人工業繼續發展，必須在這一點上進行較大革新。[4]

4　編者按：戰時本港華人的輕工業顯然受到擠壓，部分原因與日治政府徵用原材料作軍事物資有關，例如一些金屬進出口，均受嚴格管制，必須由總督部認可，才能憑證買入原材料作生產。據 1947 年出版的《香港工廠調查》所載，淪陷期間經總督部批准復業的工廠便包括：香島製漆公司（漆、油類）；中光電機布廠、國光電機布廠、港粵金山織造廠（織造廠）；麥明記機製牙刷廠、鄧忍記機製牙刷廠、利華製帽廠（日用品類）；依依樹膠廠、中英橡膠製品廠（橡膠類）；同茂皮廠、夏雲槓箱皮具公司（皮革類）；海棠化妝品廠（藥品、化妝類）；倫敦糖果公司、淘化大同罐頭醬酒公司、興亞果子有限公司（食品、調味類）。參閱周家健：〈日佔時期的經濟〉，載劉蜀永主編：《20 世紀的香港經濟》〔香港：三聯書店（香港）有限公司，2004〕，頁 153。

華人經營工廠情況表

工業類別	工廠數	工業類別	工廠數
絲織業（絹織業）	5	毛巾製造業	14
織布業	340	紗布織布業	1
羊毛毛毯內衣製造業	8	徽章紐扣製造業	1
襪子製造業	7	印刷業	12
油漆業	5	電器業	22
糖薑業	9	電池業	10
皮革業	17	電燈製造業	10
樹膠業（橡膠業）	20	牙刷業	3
鐵釘業	7	錳鉛碳精業	5
衣針紐扣業	6	糖果餅乾業	5
染布業	22	調味品業	6
砂糖製造業	1	活字製造業	5
五金（製造修理）	48	釀酒業	51
五金業 （金屬金具製造販賣）	31	肥皂製造業	12
馬口鐵製造業	2	罐頭食品業	3
保險櫃製造業	2	化妝品業	7
錶帶製造業	1	線軸業	1
蚊香業	1	製罐業	1
化學藥品業	7	文具業	3
玻璃業	3	煉油業	9
搪瓷業	1	板紙草紙製造業	2
冰糕業	1	醬油製造業	11
花生油製造業	6	碾米業	6
汽水製造業	2	酸梅湯製造業	1

（接上）

火柴製造業	2	手帕製造業	2
工業原料製造業	2	掃帚、刷子手工製造業	3
煉炭製造業	3	藤繩製造業	1
雨傘製造業	1	牙籤製造業	1
麻將製造業	1	鋼琴製造修理	1
酒桶製造業	1	牙膏業	1
燈油製造業	5	消防栓製造業	1
勞務供給	5	麵包糕點製造業	3
人力車製造業	1	麵粉製造	6
豆粕業	2	腐竹、黃豆、沙河粉製造業	2
祭祀壇製造業	2	碾穀業	2
陶器製造業	2	抓絨製造業	1
精油業	3	機製棉繩	2
麻袋製造業	1	總從業工廠數	805
繩纜製造業	1		
銅鐵刷手工製造業	1		

註：由民治部工商課調查，截至昭和十八年十月三十一日

第八章　水產·農林畜牧業

第一節　水產業

　　水產業作為香港的本土產業，是重要的產業之一。實行軍政以來，其發展也必然受到了更多關注。香港四面環海而擁有優良的

港灣，因此水產業也得益於其良好的船隻停泊地。不僅如此，香港還擁有良好漁場，並且魚類資源極為豐富。漁業作為重要的產業之一，在將來一定會有更加蓬勃的發展。

　　魚類方面除真鯛、連子鯛、口美鯛、絲燃等鯛類外，還有石斑、白姑魚、帶魚、皇姑魚、海鰻、銀鯧魚、烏賊、蝦、貝類等，其種類超過了 10 種。在合適的季節，還能捕獲大量鯔魚、鯖魚等。最佳捕魚期是從 10 月份一直延續到次年 3 月份，釣魚業、曳地網漁業、刺網漁業、流網漁業、打瀨網漁業、火誘網漁業等十分活躍，而且固定網漁業也很值得期待。

　　漁港方面，香港有筲箕灣 1 個港，九龍和新界地區有油麻地、荃灣、青山和大埔等 4 個港，島嶼有長洲島、大澳、蒲臺等 3 個港，作為漁業基地發揮了極其重要的作用。

　　漁民也被稱作疍民，主要和家人一同居住在漁船或帆船上，過著一種漂浮小屋的生活，是南方特有的一種生活方式。漁民們大多知識水準較低且不擅長買賣，因而很容易被狡猾的魚販、囮家欺騙。漁業捕撈方面如前所述，是採取與日本類似的方法進行的，但仍是極為原始的方法。

　　水產加工業的過程雖然也是非常簡單低級的，但鮮魚和魚乾的年捕撈量能夠超過 2,000 萬斤，是香港上百萬市民不可缺少的副食品。除此之外魚乾和鹹魚作為貿易產品還出口至廣東及其他地區。

　　由於熱帶漁業的特殊性，大部分漁業捕撈物在進行加工時需要用到鹽，因此製鹽業也本應作為一項產業而蓬勃發展，但一直以來大部分的需求都依賴於從海南島進口。香港並沒有像樣的鹽田，每年的鹽產量僅有 500 萬斤。

　　養殖方面，香港主要利用新界地區的部分水域進行牡蠣、草

魚、鰱魚、鰡魚等的養殖,但在戰時由於飼料、魚苗等進口困難,淡水魚養殖始終處於不溫不火的狀態。

以上對香港的水產業進行了簡要介紹,在港英時期水產業和其他產業一樣,為了限制其發展而沒有建設任何設施,只是將其作為課稅對象來看待。而由於漁民的知識水平較低,始終處於貧困線上下,富裕的魚販和曬家為其提供漁船、漁具甚至資本以賺取暴利。這在香港已成為常態。

為了應對如此惡習,並確保戰時水產食品的產量提高,有必要將帆船漁業整合為一元體制,因此,政策實施的第一步就是指定上述的 8 個漁港為漁業基地,並在各基地成立帆船漁業組合作為漁民本身的團體。除此之外還公佈了漁業監督規定以取締漁業權限制。

與控制漁業捕撈集中地並行的是設置維持魚價和交易穩定的漁業市場、指導漁業發展、漁業資料獲取和成立以保護漁民福利為目的的帆船漁業組織聯合會等政策,以不斷實現掌握 5 萬漁民和 5,500 餘艘帆船的目的,並達成年產量 3,000 萬斤的捕撈目標,從而進入水產開發的新階段。此外,通過復興鹽田、獎勵養殖、改良製造加工等指導幫助政策,不斷努力實現漁民的生活安定和香港水產業的振興。

第二節　農業

香港氣候溫暖,氣象條件基本上與臺灣中部地區類似,非常適合農作物培育種植。不過,土壤主要由花崗岩和石英斑岩土壤構成,除了新界地區的部分土地,其他全部缺少有機物質,肥沃度極為低下。加之農民在農業知識方面十分匱乏,特別是缺少施肥觀念,導致耕地貧瘠化更加嚴重。

香港的耕地總面積約為 12,000 町步，[5] 其中 94% 在新界地區。水田面積為總面積的 87%，農作物的大部分為水稻，旱田只有很少一部分。因此通常是旱田與水田復種，每年僅是栽培甘薯和各種蔬菜，很少有小麥、黍子、玉米等五穀雜糧的生產。

香港的全部水田都可以說是看天吃飯，水稻栽培只依靠雨水，而不依靠其他途徑。而水稻栽培所需的降雨在 4 月以後逐漸增多，10 月以後則完全進入了雨水不足的狀態。但是水稻卻一直以一年兩熟的模式種植，由於耕作粗放等原因，產量很少。一年兩熟的町產量約為 8 石，與臺灣蓬萊町產量 29 石、在來町產量 26 石比較來看，差距是很大的。

然而戰時香港的實際情況是獲取化肥和其他肥料非常困難，而今直接要求農民大量施肥也是不容易的事情，因此只能努力通過綠肥栽培、混合或是廄肥的增量使用以增強土地肥力。如果通過綠肥栽培彌補肥料不足，能夠適當調整插秧期，那麼實現町產 3,000 甚至 5,000 斤並不是件難事。即採取一年一熟的方式就能實現以前一年兩熟的 1 倍甚至 3 倍的增產。

其次比較重要的糧食作物是甘薯，但由於栽種期延後和水稻插秧期的緊迫等問題，導致甘薯提前收割，產量很低，臺灣的町產量約為 2 萬斤，而香港的町產量只有 6,000 至 7,000 斤。在總督部直營養豬場栽種了臺灣的改良品種豪農 3 號，能夠實現 15,000 斤的產量。從這一點也能說明品種改良是絕不可忽視的重要途徑。

總之，如上所述，香港幾乎沒有任何農業設施，農民的農業知識極為匱乏，且目前所用肥料的補給也非常困難。在這種情況下

5　編者按：1 町步約為 14.8 畝。

想要立即擺脫低產農業，實現高能生產的自給農業是異常困難的事情。但香港目前所面對的實際情況要求其必須計劃迅速提高糧食產量，因而有必要先將重點放在農村中堅人物的培養上。因此設置了農業指導所，並附屬設置了農業傳習所，以普及農業知識和喚醒勤農精神，以此邁出迅速改良農業的第一步。[6]

除此之外，今後還有金融關係、佃農關係、農村問題等無數需研究應對的問題，但迅速結成作為被指導對象的農業團體是非常有必要的，而這些團體必須從整治改良農業設施設備等方面著手，計劃並實現戰爭條件下香港農業的革新。

第三節　林業

轄區內的土地幾乎全部是山地地帶，而大部分為光禿禿的區域。港英政府時期，真正計劃實施植樹造林政策也是最近 30 年間的事情。其造林政策始於香港島的庭院樹景、深水灣的樹林風景和貯水池周圍的沙防植被等，其他都是選取村落附近較為便利且土壤肥沃處來植樹造林的。而香港大部分都是沒有樹木的區域，且大都

6　日治以前，香港日常所需農產品，主要供自廣東省的江門、廣州灣及澳門，日治政府也注意新界的元朗、粉嶺和大埔也有不少農地，可鼓勵當地農民努力增產，例如 1942 年 7 月 20 日的《南華日報》刊載〈元朗農業狀況〉，標示亦園農場、余園農場、茂園農場、肥園農場、樂園農場等可耕面積。翌年 2 月 25 日，又於同報宣佈在大埔農場採用改良種植方法，計劃 3 年內增加該處果園的生產至原來兩至三倍。1943 年 6 月至 8 月期間，日治政府分別開發石崗軍用機場為蔬菜農場，又於上水設立「農業指導所」，派遣農業專家指導農民改善耕作，以提高新界的農業生產。藉各區設立的「農業合作社」，初步建立了統營方法以利分銷，控制物價，香港農民於此提供較固定的農產內需，具一定的貢獻。參閱劉智鵬、周家建著：《吞聲忍語：日治時期香港的集體回憶》〔香港：中華書局（香港）有限公司，2009 年〕，第一部分：日治時期香港人的生活面貌，頁 89—90。

是未被觀光遊玩活動利用的地方，就這樣荒廢著。

然而，作為灌溉用水的貯存、飲用水源的涵養、魚類養殖、柴炭保障等各產業的基礎，香港林業未來的使命是極為重要的。那麼什麼樣的樹種適合在香港種植生長呢？相思樹、木麻黃、銀合歡、玉樹等在以往的造林過程中生長較為順利，作為造林樹種是最為合適的。香港的森林整治在任何角度看都是非常重要的問題，因而施行軍政以來，當局在努力保護山林的同時，還以荒山綠化為目標持續開展造林計劃。

第四節　畜牧業

香港養殖的牲畜禽類主要是牛、馬、豬、雞等，而一直以來香港都是依賴海南島、廣州灣及其他地區供給肉類，所以香港的牲畜養殖並不發達。而在牲畜養殖產業中養豬業佔據著主要地位，但也只是平均一家不到一頭的貧乏狀態。目前專職畜牧業的只有奶牛養殖和直營的豬養殖，其他的都不過是農民的一種副業。而由於飼料匱乏，今後也難以期望出現快速增產，但考慮到香港農民進行牲畜養殖的剩餘勞動力和粗飼料補充等實際情況，只能採取與農業相同的牲畜養殖獎勵政策。

另外，香港佔領地總督部已委託國人公司經營香港牧場和九龍牧場（原奶牛農場），並將兩個牧場合併，飼養了大量奶牛、豬和家禽，以供應軍需、民需、酪農用和哺乳用的牛奶和肉類，而且還計劃在這些牧場增加牲畜的飼養數量。

香港牧場是明治十九年（1886 年）依據英國化學家巴多力克・曼松的提議而設立的，大正九年（1920 年）兼併了香港製冰冷藏公司，更名為牛奶冰廠公司。隨後牧場、冷庫、製冰室不斷擴

張，到大正十四年（1925 年）以後資本已達到 220 萬港幣。日軍佔領後，該牧場和其冷凍廠、冷庫和製冰室一併於昭和十七年三月委託國人公司經營。而其冷凍、冷藏設備並不單單是用於儲藏牛奶及乳製品（奶油、黃油、乳酪），還較多用於海鮮類冷凍和冷藏，在香港水產副食供給方面發揮了重要作用。

第九章　礦產業

華南一帶素來以生產鎢礦而聞名，在大東亞戰爭爆發前，香港除作為鎢礦中心集散地外，還埋藏著鎢礦、鉛礦、鉬礦、鐵礦、錳礦等資源。英資馬斯曼公司、香港礦山公司及其他公司都曾進行礦產資源的採掘業務。

比如鉛礦，在十幾年前由華人發現並初步挖掘，後來轉由英籍美國人逸特公經營後，才開始了真正的大規模挖掘，但其後因財政不佳而陷入經營困難。昭和十五年七月以後停止採礦，宣佈休山。

鎢礦方面，除英資馬斯曼公司經營外，還有當地民眾盜採等情況發生。

鐵礦方面，由英國工程師發現，並由華南製鐵公司著手開發，而在礬土則由英國商人馬克佩因經營挖掘。

戰前上述礦產經營都在進行，但香港的礦業發展並不理想。日軍佔領後，可以想象這些礦產資源會因生產力的增強而被充分恰當地利用。

第十章　勞務

　　一直以來香港幾乎沒有什麼勞動政策，僅僅有一些依據國際勞工組織、上海公共租界、中華民國及英國直轄殖民地各項法規而制定的零散規定。中日戰爭後，上海及中國其他地方的大量勞工遷徙至香港，勞動問題的嚴重性進一步增強，為此港英政府在 1938 年 11 月設置了勞工司署，進而在 1941 年將綜合性勞動立法提上議事日程。這在今後能夠作為我國統治香港的重要參考。以下將稍微詳細地介紹港英政府時期的勞務政策和當時勞動者的基本狀況。

第一節　港英政府的勞務政策

一、結社監管

　　1845 年，香港政府發佈了取締三合會及其他秘密社團的嚴苛規定，並對違反者施以烙印刑。雖然在第二年廢除了烙印刑，但作為該規定的延續，1911 年和 1920 年頒佈了結社規定。省港大罷工以後的 1927 年通過了最早的勞動組織取締規定，但省港大罷工以後香港的組織都只是軟弱和睦的機構了。因 1920 年的結社規定而解散的社團，在 1922 年至 1940 年有 13 家結成中華海員工業聯合會（中華海員工會），而因 1922 年非常規章程解散的社團，在 1927 年至 1938 年有 3 家結成僑港工團總會（香港總工會）。中日戰爭後從上海搬遷而來的工廠，其內部的勞動組織也隨之遷徙進來，使過去十多年間停滯的組織再度活躍起來，並出現了上海式的勞動爭議。1938 年，中華書局紙幣印刷部的罷工就是如此。至 1939 年初香港的社團約有 300 家，社員有 110,000 人，其中勞動

組織 84 個、成員有 44,000 人，手工業組織 28 個、成員有 12,000
人，其中最大的社團當屬客家人的宗族團體（崇正總會），擁有會
員 20,000 人。

二、社會立法史

　　1921 年香港未成年人勞動調查委員會正式成立，主要進行被
英國人誇耀的遠東最早的華人勞動調查。第二年起規定禁止工廠使
用不滿 10 歲（虛歲，下同）的童工。而正式工廠法規的整理公佈
有所推遲，時至 1937 年才公佈了工廠條例（同年 18 號）。該條例
是極不完善的，這連英國官員自己也承認。到了 1938 年規定女僕
的最低年齡為 12 歲。十九世紀二十年代至三十年代港英政府在此
方面投入力度最大的就是「妹仔」問題（少女買賣）。這些禁止人
口買賣等的社會立法，與大部分英國資本無任何關係，而卻被英國
人誇耀為保護人權。而且，其對於香港成年男子的勞動也沒有任何
保護規定。

　　在港英政府內部負責勞動問題的部門，在 1920 年代以後主要
有以下三個：其一是華民政務司署，在 1937 年及以前，該華民政
務司還兼任勞動保護官一職，後來設置的與其承擔同一職務的工廠
調查處也隸屬於同一司署，一直延續到 1941 年。1927 年該司署設
立勞動分部。其二是市政衛生局，1936 年正式更名為衛生局，具
有細則制定權，屬於定例局之外的權外權能。1937 年以後由局長
兼任「勞動保護官」一職。其三是勞動諮詢局。

　　此外，1938 年以後設立了勞工司署，分管工作十分繁雜。而
僅新界礦山的勞工「野堡」由醫務總監管轄。然而，市政衛生局的
舉動完全不符合規定，1937 年工廠條例發佈後，並未出臺相關細

則，而勞動諮詢局完全由政府部門和英國資本家代表組成，可以說是形同虛設。

三、勞動監管

1865 年制定並一直存續到日軍佔領時的人權條例（1865 年 2 號）第 37 條規定：為提高工資水平，從事非法結社或陰謀者，或者對他人實施非法暴行者，均以較輕犯罪者論，處以 2 年以下有期徒刑。[7] 這即是所謂 1871 年以前英國本國的一項立法法案。除此之外還有只在非常時期使用的一系列法案，用於罷工、抵制行動等場合。即一般來說重大事件並不依據正式法律，而是依據非常規法律進行緊急處理。關於強制調停的法規直到 1941 年 4 月才公佈。

第二節　英國統治下的工廠勞工

下面介紹一下英國統治下工廠勞工的生存狀況。首先，適用工廠法規的工廠（使用機械的工廠）和手工廠（手工勞動且有 20 名以上的工廠）都需要進行登記。截至 1939 年 2 月，這些工廠和手工廠在香港有 303 家，九龍和新界有 554 家，共計 857 家。以上工廠大約有 28,470 名男工、26,220 名女工，合計約 54,690 名員工。當然，與在中國的狀況相同，工人的生產力要遠遜於歐洲工人，造船廠打釘工方面，4 個華人工人幹著 1 個歐洲工人的工作。出現這種情況的最大直接原因，是大部分工人因空腹或營養不良而導致身體不適。這也與工資水平較低有一定關係。營養不良、無培

7　1932 年就公佈了最低工資規定，但這完全沒有實際操作可能，對於英國官員來說，不過是一種立法姿態。

訓、集體連帶所導致的勞動散漫性，使勞動生產效率自始至終都很低。

僱傭制度則分為合同制和學徒制兩種，採用學徒制度最多的就是造船廠。在道路建設中常常出現全部合同被轉賣轉租等情況，這是最為殘酷的。工廠內各項條件都比較惡劣，特別是中日戰爭以後大量出現的華人小資本作坊更為嚴重。大部分工廠和中國的大中城市一樣，都是由住宅改造而來的。1939 年初，香港方面的廠房式工廠有 113 家，而住宅改造式工廠有 409 家，九龍方面分別為 180 家和 1,041 家。而九龍 80% 的工廠都在深水埗、大角咀和旺角等地。

一般工廠工作時間為上午 7 點至 12 點、下午 1 點至 5 點，而根據種類不同，有的工廠還常常要求工人在晚上 6 點至 8 點的工作時間外加班，加班時間一般會付給 1/3 的日薪。關於假日方面歐洲人管理的工廠一般是每周日休息，而華人管理的工廠通常是每年休息 7 天。下面列舉了 1939 年實收工資的 3 個例子。[8]

（一）造船業及造機工廠：①電力技工日薪 1.00 至 11.40 港幣，②銅冶煉日薪 1.00 至 11.60 港幣，③安裝工 0.80 至 1.55 港幣，④大型機械鋸工 0.70 至 1.25 港幣，⑤鍋爐工 0.95 至 1.20 港幣，⑥縫帆工 1.00 至 1.40 港幣，⑦鐵冶煉 0.75 至 1.20 港幣，⑧旋盤 1.00 至 1.40 港幣，⑨模型製造工 1.00 至 1.40 港幣，⑩搬運工 0.70 至 1.00 港幣。備註：加班時間為 1.5 倍，夜間加班為 2 倍。

8　上述 3 類工資情況為 1939 年初統計公佈的，而政府公佈的 1939 年度關於第一項、第二項的工資情況與上面完全相同。

（二）針織業工廠：①長期男工月薪 15 至 80 港幣、管食宿，②學徒月薪 2 至 8 港幣、管食宿，③熟練女工日薪 0.20 至 1.00 港幣（等級性），④初學者日薪 0.2 港幣，⑤汗衫製造女工，含晚 6 時至 8 時夜班，日薪 1.00 港幣。

（三）苦力：①搬運工日薪 60 至 70 分；②煤炭勞工 55 分；③人力車夫 60 至 70 分。

稻米的零售價格在 1938 年為每斤 7.3 分，1939 年為每斤 7 分錢。

1938 年、1939 年調查的普通工人的平均月生活費如下所示（根據巴特斯的計算得出。所謂平均是指香港島中部、東部、西部、九龍油麻地 4 處的平均情況。數字上可能有少量錯誤，此處全部是參照原文）。

單位：元（港幣）

		單身	夫妻	一個孩子
伙食費	夏季	5.40	9.50	2.00
	冬季	5.90	10.20	2.50
住宿及照明費	夏季	4.50	6.75	0.60
	冬季	4.50	6.75	0.60
服裝費	夏季	0.95	1.80	0.37
	冬季	1.85	3.20	0.47
合計	夏季	10.85	18.10	20.20
	冬季	12.25	2.97	3.57

此外，根據 1940 年一般生活調查，[9] 平均每個家庭 4.1 人，平均每個家庭每周收入為 13.4 港幣（即平均每人 3.27 港幣），其中每周伙食費為 5.95 港幣（平均每人 1.45 港幣）。

在上述工人的生活費中，房租部分佔據了很大比重。這是由於香港的地價是倫敦郊外的 3 倍，不動產稅為當時的 17%（英德戰爭後又增加了 5%），而房屋緊張進一步促進了房租的高漲。不僅如此，香港工人為了避免承擔交通費，大都蝸居在工廠周邊。根據 1931 年的國情調查，在香港城區的某些地方，甚至有 1 英畝居住了 1,700 人以上的狀況，而根據 1941 年的人口調查，旺角居住了 11 萬人、深水埗居住了 17.3 萬人、油麻地居住了 14.8 萬人。工人每天吃兩頓飯，白天就只喝杯茶、吃些點心。中日戰爭後由於柴炭漲價，在外解決伙食逐漸盛行起來，普通工人的住宿只能租用一張床用於睡覺，而兩人合租一張床的情況也很常見。還有租一整套房再分租於他人的情況也很盛行。在 1938 年，一棟四層中式民宅中，一層樓一般都居住著 18 至 70 人。衣服方面，夏天半裸著就可以了，而冬天還是需要穿冬裝。此外，工薪階層的主要食物（及柴炭）的零售價格如下所示。

9　根據營養研究委員會第二次年度（1940 年度）報告，在 1941 年 2 月 6 日的《南華早報》公佈。該調查動員了香港大學醫學部三年級學生，調查家庭為 923 家，其中 2 個家庭為流落街頭的、17 個家庭為獨立房屋居住的，單床居住者（只租用床舖居住的人）有 244 個家庭（佔全體的 26.4%），由此可知普通工人的生活水準比這還要低。

種類	單位	1938 年	1939 年	1940 年	1941 年 9 月
米 （三等米）	斤	7.3 分	7.0 分	9.3 分	20 分
鮮魚	斤	24.4 分	38.4 分	39.3 分	85 分
魚乾	斤	25.2 分	23.9 分	27.8 分	50 分
牛肉	斤	37.6 分	34.9 分	/	130 分
豬肉	斤	49.7 分	54.4 分	90.0 分	150 分
油	斤	22.2 分	23.8 分	32.3 分	37 分
柴	斤	1.4 分	1.8 分	2.23 分	2.2 分

　　除造船廠之外，伴隨拉動而產生的工傷極少。因為幾乎所有工業都是輕工業，而且傳送帶的防護都很完備。而受到困擾的都是工傷之外的勞動性疾病，即結核病和腳氣。前者主要是由於工廠和住所的人口過於密集，而後者主要是由於營養不良。1936 年因肺結核死亡的人數約 2,000 人，而到了 1940 年則上升至 5,751 人（佔所有死亡人數的 9.5%），1940 年肺結核患者降至 3,000 人。而營養不良的人則更多，據 1939 年的統計數據顯示，僅華人嬰兒（不滿 1 歲）的死亡人數就高達 16,000 人，死亡率為 34.3%，是非華人的 6 倍。工人醫療方面，也大多只有慈善機構的幫助。因為對於英國來說沒必要制定任何社會政策。

第三節　當下勞工問題

　　現在香港的各種工廠已有相當一部分恢復了生產，其中一部分甚至擴大了生產規模，在工廠門前瀏覽招工啟事的人也逐漸多了起來。而在市區中只能看到一些無所事事的大齡男性，一方面工廠

需要大量工人，而另一方面軍政當局又斷然實施疏散政策，但這二者並不矛盾。徹底墮落的英國城市文化，難以短時間轉化為勞動中的自覺與敬業，要去除這其中的兩面性不是一朝一夕的事情。另外由於自由勞工的收入多於工廠勞工，最近的物價上漲，又引發了一定程度的勞工饑荒狀況。

從薪酬方面看，近期報紙上出現的勞動薪酬如下所示。①船塢工人：每日 2 元多，另配給工米（工人配給大米），半島的一家船塢還提供午飯；②土木工人：忠靈塔、香港神社御造營的最低等工人薪酬也有 1 元左右；③人力車夫：除去人力車租金，每天收入 4、5 元；④裁縫：衣服裁縫費用非常高，縫一個大豆大小的洞就要 30 錢，現在從事這工作的人少了很多。[10]

管轄區外的勞動力供給僅限於海南島和加里曼丹島。

工人社團以培養健全工人為基本方針，常見的有香九總工會、香港海員工會及下屬各種組織。而結社和集會（集體活動）都需要香港憲兵隊長的許可。

10 《華僑日報》，民國三十二年十一月二日。

第四部分

文化篇

第一章　文化政策

佔領地總督部文化政策的根本方針，是以發揚東洋文化，去除香港居民歐美物質至上的價值觀為中心目標。這一點與其他佔領地的政策幾乎沒有區別，但香港民眾多年以來都受到歐美崇尚物質價值觀的影響，而要去除以中國人佔絕大多數的香港民眾的這種思想，是很難在短時間內實現的。急迫強制地去除，也不一定會收到良好效果。因此在香港要想實行上述政策，應使香港民眾自覺實行，而盡量避免對民眾文化生活的直接干涉。

因此，以東洋道德為基礎，革新振奮香港文化，這是總督部一直標榜的文化政策，是無論如何也要貫徹的根本文化政策。在實行該政策時，應充分注重上述理念，比如摒棄歐美的崇尚物質文化這一點，而且還需取長補短，特別是在振興科學方面有特別的考慮。

此外，對香港居民實施徹底的日語普及政策時，特別注意寬嚴相宜，並未強制使用日語，以避免民眾對此產生厭惡。語言的相互溝通，是理解彼此的一條便捷渠道，也是統治當地民眾的緊迫工作。因而在香港民眾中間普及日語是極為重要的事情，但在具體實行時，還是採取了上述的審慎態度。而且由於採取了這種態度，香港民眾學習日語的熱情反而更加旺盛，正如在以下的教育部分內容所介紹的，日語的教育和普及逐漸取得了很好的效果。

關於宗教方面，原則上承認信教自由，特別是在不違反自我意願的情況下，不強加任何干涉。不僅如此，為了緩解伴隨世界性戰亂而產生的民心不安，還盡可能的對其進行支持。

在社會教育方面也同樣如此。社會教育必須為改革社會風氣而實施，特別是在香港一直以來充斥著華美、安逸、怠惰的社會風

氣，展開社會教育尤為必要。因此在對香港中青年的再教育中，樹立了加強以敦厚淳樸、勤勞善良等東洋精神為中心的社會教育的方針政策。而從這一意義出發，比如在娛樂方面，昭和十七年七月以後關閉了夜總會等不健康的娛樂場所，而對於民眾頗為喜好的電影、話劇、賽馬等娛樂場所，除了在昭和十八年一月暫停了播放敵意電影外，未強加任何特別干涉。

神社、寺廟、學校、圖書館指南

名稱	地址	電話
香港神社	/	/
香港忠靈塔	/	/
國民學校神社	國民學校院內	/
南海神社	綏隊司令部院內	/
西本願寺	灣仔道 117 號	20693
東本願寺	東住吉通 64 號	33571
日本山妙法寺	禮頓山頂 (舍利塔在建)	/
日蓮宗身延山	東住吉通 67 號	/
香禪寺	九龍加拿芬道 16 號	57759
金光教香港教會	駱克道 34 號	32125
天理教香港教會	竹菊臺 1、2 號	27181
香港國民學校	/	26261
香港幼稚園	摩里臣山道	27188
東亞學院	/	33761
馮平山圖書館	西大正通 94 號	21635

最後，為把香港變成華南及南洋的文化中心所作的努力之一，即計劃復興香港大學的情況，在這裡也做一著重介紹。香港大學創立於 1912 年，設有醫科（6 年）、工科（4 年）、文科（4 年）等，1939 年時在校學生中醫科有 236 人（其中女學生 22 人）、工科 106 人、文科 145 人（其中女學生 71 人）、師範研究院 20 人（其中女學生 6 人）。中日戰爭以後，廣東的嶺南大學遷入香港大學院內繼續授課（學生 500 人）。香港大學在大東亞戰爭爆發後曾一度關閉，但鑒於香港在地理上所佔據的重要地位及其一直以來都是南洋華僑的交通要衝，因而準備盡快全面重開香港大學，以此滋養南洋的文化教育。著名的香港大學附屬圖書館馮平山圖書館（藏有中國文獻），現在還處於閉館狀態，但開館的各項準備工作一直在進行著。

第二章　教育‧宗教‧公益事業

第一節　學校教育

香港很久以來就存在日本小學，其在明治四十二年（1909 年）八月一日由日本慈善會捐獻創立。大正九年一月，日本人協會創立時，該小學也轉由其經營。昭和三年（1928 年）四月，完成六年級制的編設。截至昭和十六年二月一日有本科正式教員 7 人，兒童數為 37 人。

佔領香港以後，總督部為了國人子弟教育，從昭和十七年九月一日起頒佈敕令第 148 號國民學校令，設立香港總督部香港國民學校，並於九月七日開始授課。開學之初招收學生 97 人，隨後

逐漸增多，到昭和十八年末男女兒童達到了 375 人。昭和十八年末香港國民學校的現狀如下所示。

年級數	教職員工數			初等科兒童數			高等科兒童數			兒童數
	男	女	合計	男	女	合計	男	女	合計	合計
9	8	2	10	177	187	364	5	6	11	775

為適應今後需要，計劃增加國民學校數量，增設教育國人子弟的初中，並根據高等女校和青年學校令設立青年學校。

在設立教育中國子弟學校方面，根據昭和十七年香督令第 16 號制定了香港佔領地總督部私立學校規定，並據此予以認可。這類學校主要有小學、男子中學、女子中學三種，中學原則上與小學同等配置。

截至昭和十八年小學有 27 所、兒童數約為 14,600 人，男子中學有 9 所、學生數約為 1,000 人，女子中學有 6 所，學生數約為 600 人。詳情如下表。

類別	學校數	學生數			教職員工數		
		男	女	合計	男	女	合計
小學	27	9,567	4,989	14,646	128	259	387
男子中學 女子中學	9 6	1,095	605	1,700	81	30	111

作為嬰幼兒保育場所的幼稚園方面，昭和十七年根據香督令第 17 號規定制定了私立幼稚園規定，並據此申請獲得相關許可。截至昭和十八年末，共有幼稚園 8 家（其中國人經營的 1 家），幼

兒數為 484 人。

其次，為了教育中國的中堅青年，設立了公立香港東亞學院。其在昭和十八年四月一日設立，主要針對居住在香港總督部管轄範圍內的青年中堅力量，實施以東洋精神和日本道德為基調的師範教育和實務教育，培養應對新事態的優秀教員和事務人員。

香港東亞學院設有普通科和高等科，而高等科又分為一部和二部。普通科主要是實施從事簡易事務的必備教育，以培養下級事務人員。高等科一部主要是進行師範教育，以培養中國學校的教育人員。高等科二部主要是進行實務教育，以培養中堅事務人員。普通科主要招收高級小學畢業人員，學時為 1 年；高等科主要是招收高級中學畢業人員，學時為 2 年。

截至昭和十八年香港東亞學院的學生數如下表所示，普通科有 103 人、高等科有 23 人。

類別	年級數	學生數			教職員工數	
		男	女	合計	教師	事務人員
普通科	4	103	0	103	14	3
高等科	3	7	16	23		

第二節　社會教育

社會教育原有的領域主要是在於普通社會的風紀振奮、家庭或者大眾的啟蒙教育。因此在確立該項政策時，並沒有陷入機械性，而是根據其與學校教育互為補充的關係，而致力於對社會環境的全面整治，以期振奮社會。其宗旨如下：

（1）密切加強與政府及其他機關的聯繫，以制定徹底政策。

（2）為促進淳厚美好風俗，確立調查及傳播啟蒙措施（電影、宣傳手冊、話劇、展覽會等）。

（3）努力促進日語普及。

（4）再探討再研究既有社會教育團體的作用，促進其展開有效恰當地運營模式。

（5）計劃鼓勵促進娛樂逐漸健全普及。

（6）計劃鼓勵普及全民體育運動（開設運動場、建設兒童遊樂園等）。

（7）為加強對日本認知，促進中日親善之成果，組織觀光團赴日本參觀。

（8）組織未來香港青年團，致力於指導青年階層訓練。

在香港實施社會教育政策應堅持遵從上述宗旨，但目前只是將精力過分專注於日語的普及工作之上。昭和十七年根據香督令第 15 號文件制定了日語講習所規定，根據此規定設立了 16 家日語學校，學生數達到了 2,984 人，日語講習所有 43 家，學生數有 3,058 人。而從日語學校和日語講習所畢業的學生累計有 21,265 人（以上數字截至昭和十八年末）。

根據總督部第 55 號公告，制定了日語檢驗實施要項，規定了學習等級，以檢驗學習者的能力，以期喚起學習者對日語學習的自信和積極性。此外，在上述中國小學和中學裡，規定每周必須利用 4 小時正課時間教授日語。

在全民體育運動的普及獎勵方面，完善了香港和九龍城區內的各個運動場，並準備將其對普通市民開放以鼓勵體育運動。

第三節　宗教

香港當地的宗教按類別區分大致包含佛教、基督教、印度人宗教（回教、印度教）和中國舊制的 4 種寺廟齋堂。其中佛教、印度人宗教、寺廟齋堂現在已經極少了，在指導監管上沒有特別的障礙。只是基督教內容複雜、分支較多，信徒包含各國人群，且佔據了香港當地宗教的大部分比例，因而在基督教政策上需要有特別的審慎態度。而對於堅實的日本佛教及其他宗教，則採取盡可能扶植其發展的政策。

在港的日本人一直以來從未停止建造香港民眾敬神中心的香港神社，以及祭奠在華南中日戰爭和大東亞戰爭中戰死勇士英靈的忠靈塔。這些建築目前也正在加緊建設，以期盡快竣工。

第四節　公益事業

香港當地的公益事業（孤兒院、養老院、盲人學校等）主要是由宗教團體在捐助維持，其內容也是複雜多樣。當然由於大戰以來經濟界發生重大震盪，慈善家的捐助及其他收入急劇減少，各慈善事業團體在經營上也遇到困難。因此對這些團體進行根本性調查，並對其進行整合的同時，對有需要的機構在經營上也予以必要幫助。公益事業的現狀如下表所示（截至昭和十八年末）。

	孤兒院	養老院	盲人學校
數 量	9	2	1
收容人員	1,144	196	32

我們努力對這些機構收容的人們進行職業指導，是期待他們將來能作為工業戰士為社會做貢獻而進行的悉心指導，並不是純粹的憐憫救濟。另外，慈善醫療機構方面請參見「衛生」一節。

第三章　報紙・雜誌・印刷業

第一節　報紙

香港現有 6 家當地報社，其中 1 家由國人經營，其他 5 家都由華人經營。國人經營的《香港日報》社發行日文《香港日報》、中文《香港日報》和英文《日報》3 種，另外還經營印刷廠。《香港日報》社於明治四十二年創立，並於同年九月一日創刊日文《香港日報》，中文《香港日報》從昭和十二年十二月起在日語《香港日報》的第四版開闢了獨立中文版面，並於昭和十三年六月發刊。中文《香港日報》發刊以來時間不長，但在中日戰爭背景下成為了唯一的日本系中文報紙，獨自發揮了重要的作用。英文版從昭和十四年六月作為英文版周刊開始發行，該版報紙也是直至大東亞戰爭爆發都在進行獨自報導和宣傳活動。在大東亞戰爭爆發的同時，《香港日報》社被英國政府取締，報社領導也被逮捕關押起來，但日軍佔領香港時，該報社立即恢復了經營，並一直維持到現在。再有英文版現在已經成為日刊，對象主要是第三國人群和只懂英文而不懂中文的華僑。

中文報紙中，除前面所說的中文《香港日報》外，還有華人經營的《華僑日報》、《香島日報》、《南華日報》、《東亞晚報》等日刊

報紙和隔日刊《大成報》，每一份都進行著富有特色的經營和編輯。

在大東亞戰爭前，香港是英國在華南地區的宣傳基地；在中日戰爭後，也成為重慶的反日宣傳陣地，重慶方面的大部分輿論機構都集中在香港。同時，南京國民政府治下的部分言論機關也設在了香港。這一切使香港成為大型國際輿論中心之一。

通訊社方面，除英國路透社、美聯社、重慶中央社外，還有日本的同盟通信社、南京中華社。當地包含有如下包括英國派系、重慶派系、和平派系等大小軟硬不同質地的 40 餘份報紙。

英文報紙 ——《南華早報》、《香港電訊》、《香港每日報》、《香港周報》、《雙周刊》、《中國通訊》、《周日先驅》。

中文報紙 ——《大公報》、《星島日報》、《星島晨報》、《星島晚報》、《華僑日報》、《華字日報》、《華字晚報》、《國民日報》、《國家社會報》、《國華報》、《立報》、《成報》、《工商日報》、《工商晚報》、《循環日報》、《循環晚報》、《香港早報》、《中國晚報》、《自然日報》、《南強日報》、《南中報》、《天光報》、《現象晚報》、《星報》、《晶報》、《先導》。

和平派中文報 ——《南華日報》、《自由日報》、《天演日報》、《大光報》、《新晚報》。

小報 ——《中發白》、《黃色新聞》、《探海燈》、《天文臺》、《掃蕩》、《時報》、《硬佈》、《民聲報》。

日軍佔領香港後，敵對報紙被完全清除，只有對渴望與日本同進退的報紙才逐漸允許發行。而昭和十七年六月一日起開始對中文報紙進行整合，除香港日報外，只留下前述的 4 份日刊與隔日刊。

當地中文報紙的特色是各報社都由個人資本出資經營，因此規模都較小，發行數量也較小，發行量最大的報紙也不過兩三萬

份。然而各個報紙的版面都極具個人色彩，每個版面都各具特色。

《華僑日報》在昭和十七年六月一日兼併了《大眾日報》，成為純粹的商業經營化報紙。而其編輯政策必然是強化為完成大東亞戰爭的中日協作和香港總督部政策的實施。

《香港日報》由當地實力華僑胡文虎經營，在昭和十七年六月兼併了《星島日報》和《華字日報》。其標榜的方針與《華僑日報》相同，但不可否認該報紙過分強調胡文虎的個人色彩。

《南華日報》於昭和十七年六月一日合併了《自由日報》、《天演日報》和《新晚報》，並一直刊發至今。而《南華日報》從大東亞戰爭前就是作為中國國民黨中央黨部宣傳部的機關報在香港活動。該報社在大東亞戰爭爆發時，與《香港日報》一樣，被港英政府強制關閉，該社總司理陳少翔被抓捕入獄。《南華日報》由於具有強烈的政治色彩，在當地華僑之中並不一定受歡迎。因此其發行數量與其他報紙相比是少之又少。

《東亞晚報》是唯一的晚報（中文《香港日報》、《華僑日報》、《香島日報》、《南華日報》等都是早刊報紙）。加之其編輯方針以風趣可愛為重點，因而擁有大量讀者。該報紙還致力於介紹日本的著名人物。

《大成報》是小型的隔日刊報紙，與上述各日刊報紙的內容有所不同，其一半是報紙，另一半是趣味性讀物。

對這些中文報紙的指導方針大致如下，即總督部遵從將在港中國人都看作是真正中國人的方針，只要各中文報紙作為真正中國人瀏覽的報紙不做出令人羞愧的事情，就盡量避免對此強加特別干涉。不使普通民眾對報紙失去信賴，而且還努力使中文報紙為協助完成大東亞戰爭而發揮重大使命。這也可以說是當前的報紙指導政策。

第二節　雜誌和印刷業

國人經營的雜誌主要是新聞部宣傳班編輯的《寫真情報》（兩個月發行一次）。作為民間的國人雜誌社，只有香港東洋經濟社一家。這與東洋經濟新報香港分社是互為補充的，主要刊發日文月刊經濟雜誌及其他出版物。

華人經營的雜誌只有《大眾周報》（中文）、《亞洲商報》（中文）兩種周刊雜誌。前者由在香港的中國一流文人編輯創作，因而以文藝為重點，而後者以當地的華僑小商店老闆為主要讀者對象。

香港的雜誌事業在現在並不多見，但伴隨著香港經濟的復興擴張，可以想見其雜誌文化也必將有巨大發展。

其次關於印刷方面，在大東亞戰爭爆發前，伴隨著重慶方面言論機關向香港集中，商務印書館香港印刷廠、中華書局印刷廠、大東亞書局印刷廠等大型印刷工廠也一同建設起來，香港成為華南、南洋的印刷文化中心。佔領後，這些印刷工廠由於內閣印刷局的出現，變為香港印刷工廠，用於多種印刷。其他國人經營的民間印刷機構，還有《香港日報》社的印刷課、日東印刷、中京印刷、東光社等等。

第四章　藝術・娛樂

第一節　電影

在大東亞戰爭前香港的電影界，美國電影風靡一時。即華納兄弟電影公司、米高梅電影公司、派拉蒙影片公司、二十世紀福克

斯、美國環球影片公司、聯美電影公司、迪士尼電影、哥倫比亞影業公司等 8 大美國電影公司均在香港開設了分社,以供應美國電影,而中國電影則完全被美國電影所壓制。戰前香港有大小 13 家粵語（廣東話）電影拍攝場地,而且還放映部分北京話電影,但在配給和發行方面,粵語電影完全不是美國電影的對手。香港地區有 16 家電影院,而九龍地區（含大埔）有 22 家,共計 38 家（包含演劇專門劇院）。

佔領香港後,我們徹底改變了上述的狀況。首先在佔領後指派新聞部負責電影工作,於昭和十七年一月一日開設了九龍好世界戲院,持續公開播放免費的日本文化電影和宣傳電影,至三月五日已重新開放了 34 個影院。昭和十七年一月,在新聞部的監督下還設立了香港電影救濟會,同年六月將電影救濟會更名為香港電影協會,並指派由其負責電影配給工作。同年六月五日,還根據香督令第 22 號制定了電影演劇檢查規定。

然而當時並沒有禁止上映敵對電影,暫停敵對電影上映是昭和十八年一月以後的事情了。即根據昭和十七年九月十四日下發的陸軍省新聞部陸軍南方佔領地電影工作處理意見,在社團法人電影配給公司進入香港的同時,根據昭和十八年一月一日的總督部公示（第 87 號）,該公司香港分公司被確立作為負責總督部管轄區內的電影管理配給機構（香港電影協會被撤銷）。在這以後,香港的電影配給和發行部門開始了正常工作,與此同時,在同年一月份新聞部召集下召開的電影界代表會議上,審議並決定了在一月十六日起停止敵對電影上映。

在南洋佔領地各地區,停止英美電影上映是最先從香港實施的。香港存有大量中文電影,如此特殊的情況為政策實施提供了很

大便利。總之靠著這一便利，使政策獲得了成功。偶爾也會從國內送來日本電影，但僅靠中華電影公司提供的北京電影和廣東電影就滿足了香港和九龍所有影院的排片。昭和十八年首映的電影種類和數量如下所示。

種類	數量
日本電影	57
北京話電影	58
粵語電影	9
德國電影	3
法國電影	1
蘇聯電影	1
合計	129

註：日本電影包括現代劇 42 種，時代劇 7 種，紀錄片及漫畫 8 種

現在的電影院數量，香港方面有 12 家、九龍方面有 15 家，共計 27 家。其中首映館有娛樂戲院和明治劇場兩家（都在香港），可容納人數最多的是平安劇院，可容納 1,781 人，而全香港和九龍，容納人數超過千人的電影院有 11 家。首映館和二番館的觀眾層主要是日本人和知識階層的廣東人和北京人，其他的電影院的觀眾層都是中下層廣東人。

昭和十八年全年的電影觀看人數（僅持票人）達到 5,759,000 人，平均每月觀看人數約為 48 萬人，其每月觀看人數的詳細情況如下表所示。如果香港總人數為 90 萬人，那相當於每年每人觀看 6.4 次，由此可知香港民眾愛好電影的程度。

人種	人數
日本人	21,973
中國人	457,058
第三國人	840
合計	479,871

此外，在電影製作方面，香港攻陷戰前後，大量電影製作人、導演、演員、放映員等四散而去，同時由於資料及其他原因，話劇及電影製作至今（昭和十八年末）仍被迫停止。目前在香港的電影人如下所示，他們大都轉行至話劇及其他行業。

導演 —— 汪福慶、馮志剛、畢虎、梅凌霄、湯德培、霍然

演員 —— 鄺山笑、張活游、曹綺文、曹達華、陸梅、北平李麗、白駒榮、陳倩如、葉仁甫、黃壽年、胡美倫、朱普泉、周志誠、黎灼灼、朱劍琴、鄭寶燕、胡蝶麗、鄭孟霞

攝影師 —— 周詩祿、湯劍廷、黃傑、伍華

僅在新聞電影和文化電影方面，社團法人日本電影公司的香港分公司至今為止已拍攝了《香港造船所》、《香港消防隊》、《香港牧場》等作品。

第二節　話劇

大東亞戰爭爆發前，由於中日戰爭，香港成為中國人的逃難地，導致香港的人口密度極大，因此香港的娛樂事業也異常火爆。在香港，話劇中的粵劇（廣東劇）在普通民眾中很受歡迎。一部分演員為了爪哇、馬來的南洋華僑甚至美國的華僑，還去各地巡演，而且取得了不錯成績。京劇（北京劇）由於沒有相關人才，而始終

沒有形成劇團。京劇名角梅蘭芳曾在香港居住過一段時間，但從未在劇場演出過。潮劇（潮州劇）有一家老正興劇院，主要提供一部分潮州人觀看，由於語言相異當地廣東人極少看潮劇。

當時香港的粵劇專門劇院有高陞、太平、利舞臺（兼營電影）等，在九龍有普慶、北河、東樂（兼營電影）等，粵劇劇團有覺先聲、太平、錦添花、勝利年、興中華等。

香港攻陷戰後的劇壇方面，話劇曾一度被暫停，但在日軍入城後第二年（昭和十七年）一月，在新聞部的監督下，以九龍普慶戲院為開端，恢復了覺先聲、錦添花、勝利年等劇團。然而由於當時民生民心仍不安定，業績處於不溫不火的狀態。另一方面，電影界的粵劇演員為了生計都投身到了劇團，因此新劇團不斷湧現，鳳凰、陞平、明星、共榮、新中華、平安等越劇團、中華大眾歌舞劇團、新華京劇團、老正興潮劇團先後成立。然而這些劇團組織並不完備，業績很差，甚至連劇團都難以維持。因此覺先聲劇團的薛覺先、錦添花劇團的陳錦榮、勝利年劇團的廖俠懷離開香港，3個劇團也隨之解散。這樣一來，劇壇至此一蹶不振。

但是，由新聞部監製了粵劇八和會，並受到了香港電影協會的支持，由此對全香港、九龍的話劇人才進行了重新分配，成立新香港、大東亞、大江山、共榮華等四家粵劇團和北京話的新劇旅港人劇團、上海電影人設立的工地小劇場新劇和當地電影人設立的南華話劇（廣東話新劇）等劇院，並開始了演出，與此同時，市民生活逐漸恢復安定，話劇事業又重新恢復了生機。

進入昭和十八年一月，香港電影協會解散。與此同時，影人、南華兩劇團因人才短缺等問題也解散了。除去剩下的粵劇新香港、大東亞兩個劇團，其他劇團都因為各種各樣的原因相繼解散

了。後來，隨著大亞洲劇團的成立和隨後全劇團的改組，並經歷了中華、光華、新時代 3 劇團成立等變遷，終於在近來（昭和十八年十二月末）呈現出劇團演出狀況良好的景象。

昭和十八年十二月末，越劇團的話劇專門劇院已有高陞（香港）、普慶（九龍）、東方（香港）3 個劇院，除此之外還有兼顧電影的中央（香港）、東樂（九龍）、利舞臺（香港）等 3 家，劇團主要有光華、義擎天、新中國和銀星 4 家。

男演員主要有羅品超、白駒榮、靚次伯、李海泉、陸飛鴻、顧天吾、張活游等，女演員主要有余麗珍、區倩明、蝴蝶女、鄒潔雲、秦小梨等。

此外，散落在各地的粵劇演員還有廣東的陳錦棠、新馬師曾、王中王、衛少芳、譚玉珍、譚秀珍等，澳門的廖俠懷、白玉棠、曾三多、上海妹、半日安，廣州灣的譚蘭卿、馮俠魂、楚岫雲等。

第三節　歌壇

這裡所說的「歌壇」是指除了舞廳、夜總會等之外的中國特有的歌壇，即伴著茶點欣賞粵曲或時代歌曲等的場所。全盛時代是在昭和七、八年（1932—1933 年）的時候。當時出現了張月兒、徐柳仙、小明星、蕙芳等著名女性粵曲歌手，各自秉承著特點而吸引著大量聽眾。當時電影院還很少，因此需要娛樂的普通民眾就聚集在歌壇，但隨後逐漸衰落，到大東亞戰爭前 1 年時已極度衰敗。

當時營業的場所，在香港地區只有蓮香、添男、先施天臺、冠海等歌壇，九龍地區只有一定好、雲來 2 家歌壇，而中華百貨公司天臺、雲香等幾乎處於停業狀態。當時歌壇的營業時間一般從晚

上 7 點到 11 點共 4 小時，分為 4 個場次，每場有 1 名女歌手登臺演出。各歌壇的茶費（兼門票）均為 15 分（港幣）。歌手全是女性，在戰前，除電臺播放和個人演唱會外，可以說從未有男歌手到歌壇演出的。

戰前歌壇衰敗的原因之一，是各歌壇沒有新的創意，而且歌手們都是一如既往的老面孔。此外在戰前兩三年間，二三流的電影院逐漸開始營業，粵語電影製作業十分昌盛，加之門票等問題，客人都被吸引到了電影院。

我軍佔領香港後，從第 4 個月開始，九龍方面就出現了純茶樓歌壇。在佔領後的一兩個月時間裡，大街小巷就出現了賭場，而九龍地區的賭場為了吸引客人，在賭場內設置了音樂，由歌手進行演唱。當時的演出者都是三、四流的歌手。其後，在佔領後第 5 個月時，香港方面出現了添男、蓮香等歌壇，緊接著又出現了華南、銀流、新亞、冠海等。

其後又出現了華人、襟江等，再後來香港方面的儷園、陶園、四海春，九龍方面的大觀、大華、得如等歌壇也相繼開業。時至今日已有十幾家歌壇在營業，可以說達到了該行業的鼎盛時期。其主要原因是失業的音樂家為了維持生活而開設歌壇，男歌手的出現也一改戰前的乏味形式，民眾們的生活也趨於安定，便到歌壇聊以慰藉。

戰後的女歌手主要有小明星、奔月（都已病亡）、劉碧雲、劉倩蘭、冼劍勵、李淑霞、辛賜卿、李燕屏、黃少英、林燕薇、白雪仙、江映雪、林雪兒、張碧玲、梁群英、邱丹鳳、盛秀珍等；男歌手主要有阮有進、曾浦生、鍾雲山、冼幹持、李向榮、麥慶申、畢永釗、陳世昌、李錦昌、司徒森、鄭卓夫、陳伯璜、彭少峰、蔡滌

凡、孫師馬、湯劍廷、葉夢魂、黃俠魂、楊桂芬等。

電影公司・劇場指南

公司・劇場名稱	所在地	電話
日本電影公司香港分公司	中明治通 15 號	33872
電影配給公司香港分公司	中明治通 9 號	32373
中華電影香港辦事處	中明治通 9 號	28272
娛樂戲院	中明治通 34 號	25332
明治劇場	中明治通 31 號	31453
高陞戲院	西明治通 117 號	27138
普慶戲院	香取通 380 號	57276

第五章　衛生

　　香港氣候較為溫暖，適宜生活，而且街道整潔，給人以乾淨衛生的感覺。但戰前的香港卻是作為經口傳染病的源頭而廣為人知。在港英政府時代，香港也具有完備的衛生事務機構，但其運轉主要以歐美人為中心，對中國人則完全採取放任主義。只是對華人經營的藥店、慈善團體經營的醫院或藥店給予部分年金，以此來實施所謂的醫療行政工作，或者由港英政府實施防疫工作。從這一點也能看出當時的衛生狀況，歐美人聚集的中心區和居住區都十分整潔，而一旦進入中國人居住地區就能隨處可見行走的病人，而且垃圾隨處傾倒，清理極不徹底。

　　可是，在日軍佔領香港後，總督部專注於衛生工作，特別是

針對中國人的衛生防疫，佔民眾中絕大部分的中國人也看到了我國的真誠，助力當局實施政策，在佔領後半年就使得衛生政策取得巨大成果。

第一節　醫療行政

一、醫療

醫療行政工作簡要可分為治療、藥物、保健、配給等領域。首先在治療方面，當局對醫師的登記制度和醫療機關進行了整治。在過去，香港的醫師包括西醫、中醫、牙醫等，所謂西醫，即修完公認醫學專業的人，其中包含在港英政府登記的和未登記的。中醫是指未完成正式學業，憑藉多年醫療經驗隨意開業的所謂漢法醫，都是在政府未進行登記的人。牙醫是指既沒有完成正式學業，也沒有在政府登記的牙科醫師。在戰前港英政府對待西醫採取十分嚴格的政策，而對待中醫和牙醫卻較為放任。佔領後，總督部鑒於上述情況頒佈了香港佔領地總督部醫師、牙科醫師令，在確保他們身份的同時，從實質上提高醫務人員的醫療水準。根據該令，在之前的西醫中，對於曾留學日本學習正規課程並畢業的人員，登記為甲等，並准予無限期營業資格；除此之外均登記為乙等，准予一年期的營業資格，並明確了藥師的資格。同時認可了中醫和牙醫為醫療工作者，並准予藥師和牙科醫師在規定業務範圍內進行經營。由此徹底阻斷了非法經營的醫療人員的渠道。另外對於產婆、護士等目前也在積極推進資格認證手續。產婆並未取締，而是對其附加必要條件才可開展業務。昭和十八年十一月末醫師和其他相關人員數量如下。

職業	數量
醫師	247 人（甲等 28 人、乙等 219 人）
牙科醫師	21 人（甲等 6 人、乙等 15 人）
中醫	1,475 人
牙醫	259 人
產婆	51 人（其中日本人 6 人）

其次介紹一下醫療機構，總督部開設以普通市民為對象的綜合醫院和藥店，以及傳染病、精神病和癲癇療養的特殊醫院。此外還有以國人為對象的博愛會醫院和以救濟貧民為目標的慈善團體經營的主要醫院等，總督部均委託其經營，或者劃撥補助資金准予經營，以確立完備的醫療機構。截至昭和十八年十一月末，總督部直營醫院和藥店如下所示。

香港市民醫院外來診所、香港市民醫院第一醫院、香港市民醫院第二醫院（以上醫院設有內科、外科、兒科、皮膚科、產科、眼科、耳鼻喉科等）、香港產院（婦產科）、香港精神醫院、香港腫瘤醫院、香港傳染病醫院、九龍傳染病醫院、大埔醫院、元朗藥店、香港仔藥店、赤柱藥店、灣仔藥店、青山藥店、筲箕灣藥店、荃灣藥店、上水藥店（上述 9 家藥店均為普通內外科）。

二、藥業

一直以來在香港製造販賣的藥品都未進行嚴密的檢查，因此很多藥品都有危害。此外，醫藥技術人員，如藥劑師的數量極少，而且與日本的藥劑師相比知識水平也極其低下。因此在這方面很有必要進行監督管理。根據日本藥店法規定的生產藥品和新藥者，僅限於正規的藥劑師。另外需考察在日本領土內具有藥商資格的人和

等同於該資格的人的履歷經驗，合格者才准予開業經營。此外還要求這些藥劑師和藥商成立香港藥業組織，區分進口、批發、零售等各個部門以進行自治活動，並對其進行管理。除此之外，鑒於還有相當數量的中藥從業者，即售賣漢法藥的藥商，也要求其作為中藥從業者成立了相應團體，對這方面業務進行統一管理。該中藥團體主要開展進出口、零售和總配給三種業務。這是按照一直以來的習慣成立的組織，即按南北行、參茸行、生藥行、熟藥行、膏圓丸散行等 5 類分別建立團體。這 5 個系統長期以來就是以其經營種類區分而來，多年的經營買賣關係也在各系統維持著傳承。

　　除此之外，為了實現完備的藥品監管和指導，還設置了香港化學試驗所，負責藥品鑒定、藥品試驗、包裝封口等業務。這些政策都是在我軍佔領香港後才開始實施的。截至昭和十八年十一月末，香港新藥品商已達到 156 家（其中日本藥品商 15 家）、中藥藥品商 1,418 家。

三、保健

　　清潔保持、火葬、墓地及火葬場管理、垃圾處理等工作方面，表面上由港英政府在當時設立了相當嚴密的組織機構，但其運營則由承包制度來維持，因此秉承著以歐美人為中心的理念，而香港整體的保健衛生非常缺乏。後來，在盡可能維持原有組織機構的同時，當局將其劃歸總督部直營，在保持承包制存在的同時，由總督部進行全面指導監督。這項業務於昭和十八年十一月一日移交給民治部衛生科的各地區事務所負責。

　　在處理全香港九龍每日排泄糞便問題上，此前有香港的 3 家、九龍的 2 家，總計 5 家團體經營這項工作。佔領香港後，當局

將其整合為香九糞務公司。港英政府時期，曾將收集的糞便排入海中，但這樣給水上生活者（蜑民）的衛生和港內的漁業造成惡劣的影響，因而計劃新建殺菌池（計劃將來增設），在殺菌後作為肥料配給給農民。這可以說是防疫工作上的一大改革。

由於戰後戰爭痕跡清理不徹底、個體人員的不注意，以及治療藥品缺乏等原因，瘧疾一時間曾有爆發肆虐的傾向。在瘧疾預防事務所的指導監管下和地區事務所的工作活動下逐漸減少，時至目前已基本絕跡。但為了避免今後再次發生，仍舊在持續實行蚊類情況調查和督導服藥等政策。

四、配給

為了保證傷病者和嬰幼兒的牛奶供應，進入昭和十年（1935年）後開始實施普通民眾所需牛奶配給制度，牛奶僅配給得到醫師證明和衛生課長承認的人員。而藥品方面，為防止流入敵對地區，在昭和十八年也開始實施藥品配給統管制度。藥品被區分為第一類、第二類、第三類等，除了軍官，第一類藥品配給採取許可制，第二類藥品只配給持有醫師出具證明的人、第三類則用於自由販賣。

第二節　防疫

港英政府時代的防疫工作，主要是為防止傳染病傳染歐美人，因此這方面的機構非常敷衍。因而戰前香港出現大量傳染病患者也是可想而知的。但佔領香港後，由於當局對防疫工作做出了特別巨大的努力，使得傳染病患者數量急劇減少，具體狀況如下表所示。比如霍亂患者的數量，從昭和十二年的 1,690 人減少至昭和十八年的 164 人，減少至原來的 1/10。再有天花患者在最近兩年

幾乎沒有出現（除去昭和十六年的不完全統計）。

時間	霍亂	天花	白喉	斑疹傷寒	痢疾	流行性腦炎	猩紅熱
昭和十二年	1,690	129	308	464	831	157	8
昭和十三年	543	2,327	319	539	1,071	483	4
昭和十四年	708	198	232	394	853	488	4
昭和十五年	945	335	189	410	1,343	268	22
昭和十七年	380	0	34	777	230	13	0
昭和十八年	164	0	43	246	169	2	1

從以上資料可以得見，戰後傳染病的發生急劇減少確是事實。這是以全體民眾為對象進行預防注射、尿檢、消毒、實施清潔法等防疫活動的成果。同時這也可以說是得益於普通民眾的覺悟和難民的遣散。

防疫活動中特別付出努力的，是召集了香港大學醫科專業的中國人（含護士）組成防疫團，以檢疫、預防、調查、消毒等 4 個組為主體共 300 餘人，配置在香港和九龍的主要場所，持續進行街頭活動。在有些時候，博愛會醫院也會支持 30 餘名國人醫師和護士為全體市民進行體檢和注射，以期撲滅霍亂病毒，同時普及衛生常識。目前每年進行 3 次預防針注射，並在必要時進行尿檢等工作。

防疫團接下來還期望完善海港檢疫所，努力防止船隻載入傳染病。目前已經開始對往來的民間船隻進行嚴格檢疫。在被認為必要時，對出入船隻的乘船者進行檢驗，或在必要時下達防疫停船命令，禁止襤褸者進入部分領域。昭和十八年一月至十一月間共檢疫

人員達 217,039 人。

　　以上各機構和民間醫生檢查出的可疑物，都被送至香港細菌研究所進行細菌檢驗，其後作出傳染病判斷，患者直接住進傳染病醫院，屍體則進行火化。另外香港細菌研究所還製作預防接種液。

　　關於街頭的死屍處理問題，在香港和九龍分別設置了 1 個屍體檢驗所，負責收容街頭死屍，查明死亡原因後，在確定有無傳染病的基礎上進行火化。

　　此外關於火葬場方面，除了一直以來國人用的 1 所外，香港只有 1 所容納 1 人使用的火葬場，而目前正在計劃於香港、九龍和新界新建火葬場，對於中國人原則上只是火化傳染病屍體。

衛生及醫療機構指南

名稱	地址	電話
香港衛生課事務所	/	31120
香港診療所	/	23204
海港檢疫所	/	33245
屍體檢驗所	/	31217
九龍診療所	/	57708
香港市民醫院	/	22029
博愛會香港診療所	東昭和通亞歷山大行	25366
博愛會九龍分院	鹿島通 327 號	56051

第五部分

附
錄
篇

附錄一　香港神社、香港忠靈塔和戰爭遺跡

一、香港神社

　　香港神社是敬奉大東亞共榮圈的大親神也是香港的守護神，敬奉廣大無邊的神德，地址位於香港香爐峰的半山腰，可眺望清明美景。

　　該神社供奉著天祖天照大神的永久牌位，目前正加緊建設。[1]

二、香港忠靈塔

　　香港九龍全地區自不必說，進出香港的船舶，甚至是遠在南洋海上航行的艦船，也能瞻仰到香港島中央、金馬倫山西側兩層樓高的高地之上，由陸海軍共同協力，加之各方有志之士的捐款，共投入 104 萬元建設在中日戰爭、大東亞戰爭中華南作戰地域的唯一一座忠靈塔。忠靈塔，用於收納在作戰中戰死的軍人軍屬的全部

1　編者按：這裡對香港神社的記載十分簡單，其實此神社於「三年零八個月」的日軍佔領中，與忠靈塔、佛舍利塔，被視為在港護慰軍魂的重要建置構想。就神社而言，按日軍原先興建的概念，是想建立 3 家神社，分別在香港植物公園（香港俗稱「兵頭花園，日佔時期為「大正公園」）建「香港神社」，銅鑼灣的海軍艦隊司令部建「南海神社」，中環的香港國民學校（今聖保羅男女中學堅尼地道校舍）建「香港國民學校神社」。據 1942 年的《香港日報》報道，當局欲於香港總督府後面的太平山東北面建造神社。其中，以香港植物公園的神社規模最大，後來，此神社還未完工，日本便已戰敗。「香港神社」擬佔地約 1 平方公里，供奉天皇一家的祖先神祇天照大神，位置在總督府正門對開，向著上亞厘畢道對面的廣闊範圍。香港東洋經濟社發行的《軍政下的香港》，即刊載了完成後的假想圖。如今，香港動植物公園內的拱門入口，兩邊柱上刻著「紀念戰時華人為同盟國殉難者」，右邊刻有「一九一四年—一九一八年」，左邊刻有「一九三九年—一九四五年」，變成另類的戰爭紀念產物。

遺骨，表彰其豐功偉績的同時，以明示聖戰的偉大含義。目前正在建設中。[2]

三、香港攻陷戰遺跡

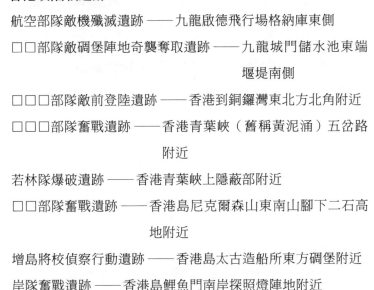

　　航空部隊敵機殲滅遺跡 ── 九龍啟德飛行場格納庫東側

　　□□部隊敵碉堡陣地奇襲奪取遺跡 ── 九龍城門儲水池東端
　　　　　　　　　　　　　　　　　　　　堰堤南側

　　□□□部隊敵前登陸遺跡 ── 香港到銅鑼灣東北方北角附近

　　□□□部隊奮戰遺跡 ── 香港青葉峽（舊稱黃泥涌）五岔路
　　　　　　　　　　　　　附近

　　若林隊爆破遺跡 ── 香港青葉峽上隱蔽部附近

　　□□部隊奮戰遺跡 ── 香港島尼克爾森山東南山腳下二石高
　　　　　　　　　　　　地附近

　　增島將校偵察行動遺跡 ── 香港島太古造船所東方碉堡附近

　　岸隊奮戰遺跡 ── 香港島鯉魚門南岸探照燈陣地附近

2　編者按：日治時期未竣工已被拆毀的「忠靈塔」，位於馬己仙峽道盡頭，現時金馬倫山頂的金馬倫大廈（Cameron Mansions）的洋房，即建築在塔址的地基上，還清晰看到原來城牆的部分。日治時期，總督磯谷廉介受命改建總督府的滿鐵工程師藤村清一著手設計，「建立華南戰區唯一忠靈塔，供奉所有陣亡軍人和軍屬遺骨，昭其遺烈，明幟聖戰，以壯國民精神」。1942 年 2 月 9 日，並舉行奠基儀式，總督磯谷、建設委員會主席參謀總長有末次、總督部官員、華民代表會、華民各界協議會代表皆有出席。以神道教的儀式進行，將一把寶劍埋下，作為鎮塔之用。忠靈塔原高 80 米，重 900 噸，香港市民被迫捐款 70 萬日元，提供無償勞動興建。忠靈塔還未完工，日本已戰敗投降，英國光復香港，隨即討論拆毀忠靈塔。1947 年 2 月 26 日，此塔被炸毀，殘留下來的只有基座的石牆記認。參閱香港佔領地總督部報道部編：〈香港神社與香港忠靈塔〉，《在港日本人參考》（香港：香港佔領地總督部，1942 ─ 1945 年），頁 13 ─ 14。

□□部隊激戰遺跡 —— 香港島南岸大潭篤貯水池南側十字路
　　　　　　　　　口附近

□□部隊夜襲遺跡 —— 香港島南岸赤柱半島入口三岔路附近

□□部隊激戰遺跡 —— 香港島南岸綠綠濱酒店大門附近

附錄二　人口統計・物價統計

統計（一）　香港戶數人口調查（1）

區域	日本人			
	戶數	人口		
		男	女	合計
香港島				
中區	403	603	294	897
西區	37	51	16	67
水城區	33	50	20	70
藏前區	5	6	3	9
山王區	25	29	16	45
東區	458	649	566	1,215
春日區	140	250	125	375
青葉區	314	423	250	673
銅鑼灣區	146	361	95	456
筲箕灣區	35	164	26	190
元港區	37	38	3	41
赤柱區	2	2	0	2
合計	1,635	2,626	1,414	4,040

（接上）

九龍				
鹿島區	158	252	113	365
元區	22	42	12	54
青山區	33	68	14	32
大角區	14	19	12	31
香取區	100	135	88	223
湊區	486	818	514	1,332
山下區	15	139	22	161
荃灣區	5	7	7	14
啟德區	1	4	0	4
西貢區	0	0	0	0
合計	834	1,484	782	2,266
新界				
大埔	10	10	0	10
元朗區	1	1	0	1
上水區	5	10	2	12
沙頭角區	13	13	0	13
新田區	3	3	0	3
沙田區	1	1	1	2
合計	33	38	3	41
總計	2,502	4,148	2,199	6,547

統計（一） 香港戶數人口調查（2）

區域	中國人			
	戶數	人口		
		男	女	合計
香港島				
中區	26,139	47,187	41,955	89,142
西區	12,666	23,131	19,212	42,343
水城區	11,733	19,434	19,460	38,894
藏前區	6,499	9,201	10,718	19,919
山王區	3,047	5,283	5,440	10,723
東區	18,997	30,338	32,243	62,581
春日區	7,917	12,825	14,795	27,620
青葉區	2,011	3,457	5,176	8,633
銅鑼灣區	4,531	8,532	10,297	18,829
筲箕灣區	10,073	21,174	20,255	41,429
元港區	4,310	8,863	8,895	17,758
赤柱區	839	1,998	2,036	4,084
合計	108,762	191,423	190,482	381,905
九龍				
鹿島區	1,501	2,403	3,076	5,479
元區	9,833	17,155	19,106	36,261
青山區	26,218	45,174	46,405	91,579
大角區	18,447	30,854	31,132	61,986
香取區	27,781	51,373	51,285	102,658
湊區	3,213	5,202	5,469	100,671
山下區	7,581	12,586	11,749	24,335
荃灣區	3,244	5,796	5,577	11,373

啟德區	2,791	6,594	6,904	13,498
西貢區	2,120	5,164	5,657	10,821
合計	102,734	182,301	186,360	368,661
新界				
大埔	3,905	9,512	9,931	19,443
元朗區	8,615	17,020	18,397	35,417
上水區	3,052	6,327	7,003	13,330
沙頭角區	2,487	5,912	6,330	12,242
新田區	1,447	2,604	3,092	5,696
沙田區	1,210	2,605	2,920	5,525
合計	20,716	43,980	47,673	91,653
總計	232,212	417,704	424,515	842,219

統計（一） 香港戶數人口調查（3）

區域	其他外國人			
	戶數	人口		
		男	女	合計
香港島				
中區	588	728	474	1,202
西區	19	21	7	28
水城區	108	133	109	242
藏前區	85	112	60	172
山王區	30	37	25	62
東區	451	488	163	651
春日區	128	207	178	385
青葉區	78	249	396	645

銅鑼灣區	147	177	178	355
筲箕灣區	151	159	36	195
元港區	29	46	5	51
赤柱區	143	159	45	204
合計	1,957	2,516	1,676	4,192
九龍				
鹿島區	185	237	219	456
元區	94	127	26	153
青山區	176	223	128	351
大角區	83	104	108	212
香取區	288	354	229	583
湊區	402	592	411	1,003
山下區	137	173	23	196
荃灣區	33	34	0	34
啟德區	24	7	19	26
西貢區	0	0	0	0
合計	1,422	1,851	1,163	3,014
新界				
大埔	18	15	9	24
元朗區	34	88	1	39
上水區	3	3	4	7
沙頭角區	21	22	0	22
新田區	2	0	4	4
沙田區	5	16	4	20
合計	83	94	22	116
總計	3,462	4,461	2,861	7,322

統計（一） 香港戶數人口調查（4）

區域	合計			
	戶數	人口		
		男	女	合計
香港島				
中區	27,130	48,518	24,723	91,241
西區	12,722	23,203	19,235	42,438
水城區	11,874	19,617	19,589	39,206
藏前區	6,589	9,319	10,781	20,100
山王區	3,102	5,349	5,481	10,830
東區	19,906	31,475	32,972	64,447
春日區	8,185	13,282	15,098	28,380
青葉區	2,403	4,129	5,822	9,951
銅鑼灣區	4,824	9,070	10,570	19,640
筲箕灣區	10,259	21,497	20,317	41,814
元港區	4,376	8,947	8,908	17,850
赤柱區	894	2,159	2,081	4,240
合計	112,354	196,565	193,572	390,137
九龍				
鹿島區	1,844	2,892	3,408	6,300
元區	9,954	17,324	19,144	36,468
青山區	26,427	45,465	46,547	92,012
大角區	18,544	30,977	31,252	62,229
香取區	28,169	51,862	51,602	103,464
湊區	4,101	6,612	6,394	13,006
山下區	7,733	12,898	11,794	24,692

荃灣區	3,282	5,837	5,584	11,421
啟德區	2,816	6,605	6,923	13,528
西貢區	2,120	5,164	5,657	10,821
合計	104,990	185,636	188,305	373,941
新界				
大埔	3,933	9,537	9,940	19,477
元朗區	8,650	17,059	18,398	35,457
上水區	3,060	6,340	7,009	13,349
沙頭角區	2,521	5,947	6,330	12,277
新田區	1,452	3,607	3,096	5,703
沙田區	1,216	2,622	2,925	5,547
合計	20,832	44,112	47,698	91,810
總計	238,176	426,313	429,575	855,888

註：截至昭和十八年十月，由民治部調查。本表不含管區內未調查區域人口：長洲島（推算人口 18,716 人）、坪洲島（1,356 人）、大澳（9,780 人）、梅窩（531 人）

統計（二） 香港在住外國人登記人員調查

國籍	香港		九龍		合　計
	男	女	男	女	
非洲	2	/	/	1	3
阿爾巴尼亞	1	/	/	/	1
越南人	9	17	3	2	31
亞美尼亞	2	1	1	/	4
緬甸	/	/	6	1	7
捷克斯洛伐克	12	9	2	3	26
丹麥	5	6	1	3	15
愛沙尼亞	2	2	1	/	5

（接上）

歐亞混血	170	250	91	116	627
歐洲移民	1	2	1	1	5
原澳大利亞籍	/	7	/	9	16
菲律賓	17	12	27	35	91
芬蘭	/	1	/	/	1
法國	24	36	8	10	78
德國	4	5	3	3	15
匈牙利	3	4	3	2	12
印度人	1,755	648	945	314	3,662
愛爾蘭	29	27	6	6	68
義大利	32	63	6	20	121
拉脫維亞	1	2	1	2	6
立陶宛	1	/	/	/	1
馬來人	30	33	22	27	112
巴勒斯坦	/	/	1	2	3
波蘭	4	2	4	1	11
葡萄牙	190	321	225	282	1,018
白俄羅斯人	40	42	48	46	176
蘇聯人	8	/	1	2	11
西班牙人	23	5	13	19	60
無國籍人	4	7	7	9	27
瑞典	1	3	4	7	15
瑞士	30	18	1	5	54
泰國	6	7	8	9	30
土耳其	5	1	/	/	6
烏克蘭	/	/	1	1	2
其　他	74	242	170	239	725
總　　計	2,485	1,773	1,610	1,177	7,045

註：由總督部外事部調查，截至昭和十八年十一月三十日

統計（三） 昭和十八年全年日用品各月價格表

類別	種類	單位	高低	1月	2月	3月	4月	
穀類	白米（上）	斤	高	1.20	1.40	1.20	1.20	
			低	0.85	1.05	0.90	0.90	
	白米（中）	斤	高	1.10	1.00	1.00	1.00	
			低	0.75	0.90	0.825	0.825	
	麵粉	斤	高	1.50	1.60	1.60	1.70	
			低	1.35	1.50	/	1.60	
	白豆	斤	高	0.55	1.00	1.00	1.10	
			低	0.55	0.55	1.00	0.90	
生鮮食品	蔬菜（莧菜）	斤	高	/	/	/	/	
			低	/	/	/	/	
	蔬菜（冬瓜）	斤	高	/	/	/	/	
			低	/	/	/	/	
	蔬菜（菜心）	斤	高	0.175	0.250	0.200	0.40	
			低	0.138	0.150	0.750	0.30	
	蔬菜（芥菜）	斤	高	0.150	0.200	/	/	
			低	0.138	0.125	/	/	
	鮮魚（倉魚）	斤	高	1.30	2.40	1.80	1.60	
			低	1.05	1.20	1.30	1.10	
	鮮魚（墨魚）	斤	高	0.90	1.40	1.40	1.10	
			低	0.65	0.80	0.70	0.70	
	豬肉	斤	高	3.00	4.00	3.80	4.50	
			低	3.00	3.00	3.00	3.20	
	牛肉	斤	高	2.85	4.00	3.50	4.25	
			低	2.00	2.35	2.875	3.00	

5月	6月	7月	8月	9月	10月	11月	12月
2.20	2.40	2.70	3.60	3.40	3.00	2.90	3.00
1.20	2.00	2.00	2.50	2.60	2.80	2.30	2.75
2.00	2.10	2.50	3.30	3.20	2.60	2.50	2.80
1.00	1.80	1.80	2.20	2.30	2.20	2.00	2.50
2.80	5.00	5.50	6.50	6.50	6.40	5.80	5.80
1.60	2.80	4.30	4.50	6.20	5.80	5.50	5.20
1.80	2.20	2.60	3.00	3.50	3.50	3.20	2.50
1.00	1.80	2.30	2.60	3.00	2.60	2.50	2.20
/	/	0.55	0.80	0.90	1.20	0.60	0.60
/	/	0.25	0.40	0.50	0.50	0.25	0.30
/	/	0.60	0.75	0.80	0.60	0.55	0.45
/	/	0.20	0.25	0.30	0.50	0.25	0.25
0.40	0.30	/	/	/	/	/	/
0.175	0.275	/	/	/	/	/	/
0.30	0.30	/	/	/	/	/	/
0.175	0.25	/	/	/	/	/	/
2.00	3.80	3.55	4.00	5.50	6.20	5.80	5.30
1.10	1.80	2.80	3.50	3.60	3.50	3.80	4.50
1.40	3.00	3.00	3.00	3.80	3.70	3.80	4.20
0.70	1.40	2.20	2.50	2.40	2.40	2.50	3.00
5.80	8.50	10.00	15.00	20.00	19.00	17.50	17.50
4.20	5.50	7.50	11.00	15.00	16.00	15.00	17.00
5.10	6.50	6.80	9.50	10.00	9.60	9.60	9.60
3.20	4.20	6.40	8.00	9.00	9.00	9.00	9.00

	羊肉	斤	高	2.50	4.00	3.50	4.00
			低	2.00	2.50	3.00	3.00
	雞蛋	個	高	0.225	0.375	0.275	0.275
			低	0.175	0.225	0.200	0.225
調料	花生油	斤	高	2.00	2.00	3.75	3.75
			低	1.875	/	2.00	2.75
	食鹽	斤	高	0.65	0.50	0.40	0.35
			低	0.50	0.325	0.35	0.35
	砂糖（白）	斤	高	0.80	0.80	0.85	1.60
			低			0.80	0.85
奢侈品及其他	茶（紅茶）	斤	高	0.75	0.85	0.85	0.85
			低	0.75	0.75	0.85	0.85
	茶（六安）	斤	高	0.65	0.75	0.75	0.75
			低	0.65	0.65	0.75	0.75
	麵包	磅	高	0.80	1.00	1.00	1.20
			低	0.75	0.75	1.00	1.00
	牛肉罐頭	罐	高	2.50	3.50	3.50	2.75
			低	2.50	2.50	2.50	2.50
燃料	柴	斤	高	0.075	0.075	0.075	0.075
			低	0.075	0.075	0.075	0.075
	木炭	斤	高	0.40	0.40	0.40	0.40
			低	0.40	0.40	0.40	0.40
	煤（上）	百斤	高	10.00	10.00	10.00	10.00
			低	10.00	10.00	10.00	10.00
	煤（中）	百斤	高	/	/	/	/
			低	/	/	/	/

5.10	4.80	3.80	/	/	/	/	/
3.20	3.10	3.50	/	/	/	/	/
0.35	0.50	0.55	0.90	1.20	1.10	1.10	0.90
0.25	0.35	0.42	0.55	0.90	1.00	1.00	0.85
5.20	7.20	7.00	7.70	12.80	12.00	11.60	15.60
3.50	5.20	5.60	7.00	7.70	11.20	10.40	10.80
0.35	0.35	0.50	0.40	0.50	0.50	0.50	0.50
0.35	0.35	0.30	0.40	0.40	0.50	0.50	0.50
1.60	3.50	3.60	4.00	4.50	4.80	4.50	4.50
0.85	3.20	3.20	3.50	4.00	4.50	4.50	4.50
2.00	2.25	2.50	2.50	2.70	2.70	2.70	2.70
0.85	2.00	2.20	2.20	2.55	2.70	2.70	2.70
1.20	1.60	1.60	2.60	2.77	2.70	2.70	2.70
0.75	1.20	1.40	1.60	2.60	2.70	2.70	2.70
1.60	2.20	2.20	2.30	2.40	2.40	2.40	3.00
1.20	1.80	2.20	2.20	2.40	2.40	2.40	2.40
3.00	3.50	4.50	8.50	8.70	8.70	8.50	8.70
2.75	3.00	3.50	4.50	8.50	8.50	8.50	8.70
0.075	0.075	0.20	0.26	0.35	0.30	0.30	0.35
0.075	0.075	0.075	0.20	0.26	0.30	0.30	0.35
0.40	0.40	0.90	0.90	1.00	1.60	1.80	1.80
0.40	0.40	0.50	0.90	0.90	1.50	1.60	1.80
11.00	14.00	32.00	32.00	35.00	37.00	39.00	39.00
10.00	11.00	25.50	32.00	32.00	35.00	37.00	37.00
/	/	22.00	22.00	24.00	/	/	/
/	/	14.00	22.00	22.00	/	/	/

	石油	斤	高	2.50	2.50	2.50	2.50	
			低	2.00	2.00	2.50	2.50	
	火柴 （紅葉印大）	包	高	0.75	0.75	0.75	0.75	
			低	0.75	0.75	0.75	0.75	
	火柴 （紅葉印小）	包	高	0.50	0.40	0.375	0.40	
			低	0.40	0.40	0.375	0.375	
布料	棉布 （上）	碼	高	2.00	2.00	2.00	2.50	
			低	1.50	1.20	2.00	2.00	
	棉布 （中）	碼	高	1.20	1.50	1.50	2.00	
			低	1.20	1.50	1.50	1.50	
	印花布 （上）	碼	高	2.00	2.50	2.50	3.00	
			低	2.00	2.00	2.50	2.50	
	印花布 （中）	碼	高	1.50	2.00	1.50	2.50	
			低	1.50	1.50	1.50	2.00	
紙類	更紙	卷	高	30.00	30.00	52.00	90.00	
			低	30.00	30.00	30.00	50.00	
	印刷紙 （上）	令	高	62.00	62.00	100.00	170.00	
			低	62.00	62.00	62.00	98.00	
	印刷紙 （中）	令	高	/	/	/	/	
			低	/	/	/	/	

（接上）

2.50	3.50	4.50	4.80	9.00	9.60	10.80	11.00
2.50	3.20	4.00	4.50	4.50	9.60	9.60	10.40
0.75	0.85	0.85	1.00	2.30	2.50	2.70	2.70
0.50	0.80	0.85	0.35	1.00	2.30	2.50	2.50
0.50	0.50	0.50	0.60	1.60	2.00	2.00	2.00
0.40	0.50	0.50	0.50	0.65	1.80	2.00	1.80
3.20	4.00	4.80	4.00	4.50	4.50	4.50	5.80
2.50	2.80	4.00	4.00	4.00	4.50	4.50	4.50
2.70	3.00	3.00	3.00	3.30	3.50	3.50	3.80
2.00	2.20	3.00	3.00	3.00	3.50	3.50	3.50
3.30	4.80	4.80	4.80	5.00	5.50	5.50	5.80
3.00	3.20	4.80	4.80	4.80	5.50	5.50	5.50
2.80	4.00	4.00	4.00	4.20	4.50	4.50	4.80
2.50	2.80	4.00	4.00	4.00	4.50	4.50	4.50
190.00	190.00	160.00	130.00	160.00	120.00	120.00	120.00
90.00	140.00	115.00	80.00	80.00	120.00	120.00	120.00
320.00	320.00	260.00	230.00	210.00	200.00	200.00	200.00
170.00	260.00	210.00	170.00	150.00	200.00	200.00	200.00
/	/	50.00	45.00	110.00	65.00	65.00	65.00
/	/	40.00	30.00	30.00	65.00	65.00	65.00

附錄三　國人主要商社・工廠一覽

名稱	地址	電話號碼
一、銀行		
橫濱正金銀行香港支行	東昭和通 6 號	23818
橫濱正金銀行九龍分行	疏利士巴厘道	56587
臺灣銀行香港支行	中明治通 2 號	21824
二、保險公司		
安田生命	東昭和通 6 號	21336
千代田生命	畢打街余仁行	26265
共同海上火災	東昭和通 1 號	33789
明治海上火災	東昭和通 10 號	25625
日本海上火災	中明治通 15 號	33084
日本海上火災	中明治通 9 號	33271
東京海上火災	東昭和通 6 號	25125
三、貿易・商業 （香港貿易組織成員，但除去其他場所營業機構）		
岩井產業	東昭和通 6 號	28688
伊藤商行	中住吉通 65 號	23346
岩田產業	東昭和通 6 號	25262
市田商會	中住吉通余仁行	30550
服部洋行	東昭和通 10 號	28509
日綿實業	東昭和通 10 號	25830
日商	東昭和通 10 號	25202
南日本海洋漁業統治有限公司	中住吉通 20 號	28037
日本音響公司	中明治通 31 號華人行	31133
西村商會	東住吉通 56 號	26338

日扇興業	雪廠街 10 號	25312
本田洋行	八幡通 40 號	20720
盈成商行	東昭和通 12 號	33981
東洋棉花	雪廠街太子行	26515
東記洋行	西住吉通 22 號	23107
東洋工業商會	東昭和通 6 號	25468
中村商店	中明治通 9 號	33742
中榮洋行	雪廠街太子行	21011
中和商業公司	中明治通興亞會館 3 層	20706
中華出光興產	雪廠街 3 號	24385
兆榮洋行	東昭和通 10 號	24955
中香洋行	東昭和通 26 號	34349
林大洋行	東昭和通 10 號	20561
越智洋行	遮打道原約克大廈	31616
折田洋行	東昭和通亞歷山大大廈	25235
王永星洋行	西昭和通 57 號	32265
大倉產業	必打街畢太大廈	24642
渡邊產業公司	畢太街畢太行	32560
東華洋行	中住吉通 18 號	31613
加藤商會	中明治通 11 號	34411
加藤物產	東昭和通 6 號	25718
華昌洋行	雪廠街十經紀行	25451
河村洋行	中明治通 37 號	30170
開洋興業	東昭和通 12 號	31104
加藤洋行	中明治通 16 號	22424
華南運銷公司	中明治通 31 號	20433
高島屋飯田股份公司	東昭和通 10 號	31314

竹腰商店	中明治通 10 號	33662
泰福洋行	中明治通 24 號	31175
大成洋行	中明治通 15 號	28439
大同洋紙店	中明治通 9 號	32161
大丸興業公司	中住吉通余仁行	25050
臺灣日蓄	中明治通 10 號	31133
田中洋行	西住吉通 41 號	30419
大陸貿易公司	東昭和通 14 號	32858
臺灣青果	中明治通 10 號	25959
武田製藥工業	雪廠街 10 號	25043
竹村棉業	東昭和通 6 號	25060
第一製藥	遮打道亞歷山大行	25570
鶴穀商會	遮打道聖喬治大廈	21329
南華商業公司	東昭和通亞歷山大行	26695
南興公司	東昭和通 12 號	32227
野崎產業	雪廠街太子行	26447
山內製藥	雪廠街太子行	21213
山口洋行	車打道洗行	20763
丸山商店	東昭和通 16 號	20859
丸永有限公司	東昭和通 10 號	25010
前田洋行	遮打道太子行	31062
有限公司聯合組	中住吉通余仁行	31813
吉昌洋行	中住吉通余仁行	33905
協元順	文咸東街 21 號	31404
協榮洋行	東昭和通 10 號	25805
福大公司	遮打道聖喬治大廈	28001
鄉原洋行	遮打道聖喬治大廈	23842

江商有限公司	東昭和通 6 號	22908
公誠公司	東昭和通 26 號	21144
安宅產業	畢太街余仁行	28382
淺野物產	東昭和通 10 號	25115
安部幸商店	中明治通公主行	31033
三洋公司	東昭和通 16 號	21270
三興有限公司	中明治通 9 號	20688
櫻商行	東昭和通 20 號	22055
美豐洋行	東昭和通太子行	26528
三菱商事	中明治通 12 號	26588
三井物產	中明治通 7 號	30273
上海紙業公司	東昭和通 6 號	27273
信和洋行	西昭和通 75 號	22818
振山公司	必打街 1 號	23525
監野義製藥	遮打道原約克大廈	31022
時達洋行	中明治通 4 號	27173
新興有限公司	東昭和通 21 號	20110
新東貿易	中明治通興亞會館	25435
白木貿易	雪廠街 3 號	25177
昭和貿易公司	畢太街 12 號	20080
廣松洋行	東昭和通 69 號	31988
百興洋行	中明治通 16 號	20039
平岡公司	中明治通 24 號	22442
森田洋行	中明治通公主行	56280
森下仁丹	東區洛克道 255 號	21144
石油聯合	九龍加連威老道 18 號	50677

四、海運業		
日本郵船	中住吉通 10 號	30291
大阪商船	中住吉通 7 號	28083
東亞海運	中住吉通 4 號	31176
山下汽船	中住吉通 5 號	25560
昭和海運公司	東昭和通 10 號	25223
大連汽船	畢打街遮打道拐角	24073
廣東內河運營	中住吉通 14 號	27721
國際運輸	中住吉通 4 號	24985
日東礦業汽船	中住吉通 2 號	32650
五、港灣裝卸業		
臺灣運輸	中住吉通余仁行	30974
廣東裝載倉庫	雪廠街 3 號	25353
中盛公司	中住吉通 62 號	23358
六、海上貨物搬運業		
潁川洋行	西住吉通 27 號	20007
太洋帆船	中住吉通 7 號	31059
前田洋行	東昭和通 10 號	21062
建成行	西住吉通 20 號	30836
裕興航運公司	西住吉通	20119
菅商行	利源東街 28 號	44560
林本源興業公司香港分店	青葉區山村道 5 號	32984
南亞商行帆船運輸部	東昭和通 30/32 號	31591
安發公司（帆船貿易業）	中住吉通 21 號	30559
香港赤帽社（船客行李配送業）	中住吉通 60 號	30912
七、造船・船塢・製鐵		
香港造船所	/	30823

九龍造船所	/	57077
圖南造船所	/	56576
南了造船所	/	28001
同大機器廠	/	20656
敬記船廠	/	20307
廣長興造船所	/	57034
大日造船所	/	56846
福井船廠	/	57920
大興銅廠	東昭和通 10 號	24773
劉河溝製鐵公司	/	25711

八、化學工廠

香港水泥工廠	/	59877
香港化學工業廠	/	59464
香港第一塗料工廠	/	30601
香港第二塗料工廠	/	20865
香港氧氣工廠	/	56262

九、其他工廠

香港精糖廠	/	31232
香港糕點廠	/	20959
香港香煙廠	/	20897
香港麥酒酒精興業廠	/	28537
香港飲料水工廠	/	24439
香港白棕纜工廠	/	26464
香港製釘工廠	/	20686
香港火柴廠	東昭和通	25971
香港護膜織布工廠第一工廠	/	50270
香港護膜織布工廠第二工廠	/	50260

汽車修理廠	/	27778
香港礦山事務所	東昭和通 14 號交易行	23533
日本製鐵	東昭和通 12 號	27497
臺灣拓殖	雪廠街 10 號	25281
南日本海洋漁業管理有限公司香港分店	/	28038
南日本海洋漁業管理有限公司香港牧場	/	28077
南日本海洋漁業管理有限公司香港冷凍工廠	/	24916
天草水產興業	中住吉通余仁行	31118
滿鐵香港支所	東昭和通 10 號	28283

十、報紙·雜誌·書店

香港日報社	中住吉通 2 號	31243
同盟通信社	中明治通 9 號	23589
朝日新聞	東昭和通 10 號	23849
每日新聞	東昭和通 5 號	28498
讀賣新聞	麥當奴道 54 號	20252
西日本新聞	雪廠街 10 號	23051
東洋經濟新報	東昭和通 20 號	32778
香港東洋經濟社	東昭和通 20 號	32556
東亞研究所	畢打街 18 號	22336
堀內書店	畢打街 12 號	28171
興亞書店	東昭和通亞歷山大行	25315

十一、介紹所·賓館·飯店·百貨店

東亞公通公社	東昭和通 16 號	22440
松原賓館	東昭和通 16 號	28141
香港賓館	畢打街 4 號	30261

東亞賓館	九龍疏利士巴厘道	58081
海員賓館	九龍漆咸道 6/1	59191
橫山賓館	九龍漢口道 2 號	58008
香取旅館	九龍香取道	50068
東亞賓館	東住吉通 67 號	30381
松阪屋	東昭和通 14 號	28151
玉屋	東昭和通 20 號	20052

十二、組織‧市場

香港貿易組織	東昭和通 6 號	28511
香港柴炭購機供需管理組織	東昭和通 67 號	32614
柴炭批發組織	東住吉通 43 號	33751
香港水產批發市場組織	山王臺加多近街	32639
香港香煙元代理人組織	東昭和通 12 號	33483
香港帆船運輸組織	畢打街余仁行	22802
香港肥料配給組織	雪廠街 10 號	24815
香港藥業組織	雪廠街 10 號	21479
海防專輪組織	中住吉通 12 號	31362
香九公設市場聯合組織	/	33630
香港大賣市場組織	西住吉通	31348
香港大賣市場組織九龍分場	窩打老道	59225

十三、其他

香港大和會	東昭和通 6 號	28638
日本俱樂部	中住吉通	26863

附錄四　香港軍政大事記

（昭和十六年十二月至昭和十九年二月）

昭和十六年

十二月

△二十五日 —— 完全佔領香港
△二十六日 —— 設置軍政廳
△二十九日 —— 通過軍佈告設立軍票流通，同時允許使用 10 元以下港幣
△三十日 —— 香港方面開始供應煤氣
△三十一日 —— 在九龍開設軍票兌換所，允許每人每次兌換 10 元軍票兌換比例為 1 元軍票兌 2 元港幣

昭和十七年

一月

△一日 —— 九龍方面開通水道，開始電力供應
△四日 —— 根據憲兵隊長命令，下達收容敵對國人員的命令。恢復香港廣播，開始廣播。恢復香九 20 個公設零售市場。
△五日 —— 在香港方面開設軍票兌換所
△六日 —— 開始人口疏散工作
△十日 —— 九龍方面開始供應煤氣。九龍方面一部分公車開始運行
△十一日 —— 一部分電影院重新開業
△十二日 —— 根據軍佈告，25 元、50 元、100 元、500 元港幣一律可與 10 元港幣以下的小額券通用，但依然不承認 10 元港幣以上的軍票兌換
△十五日 —— 香港方面開始電力供給。恢復香港九龍間的海上運輸以及香港廣東間的航運
△十六日 —— 九龍開始船塢作業
△十七日 —— 開設香港—九龍間的電話局，恢復香港糕點廠生產
△十八日 —— 28 間公認錢莊開業
△十九日 —— 設置香港佔領地總督部，由大本營發表磯谷廉介中將親任總督命令，從本日開始 3 天內，允許每人在銀行取

50 港幣

△二十日 ── 香港方面開始水道供給。香港香煙工廠開始生產

△二十二日 ── 重開郵政業務

△二十三日 ── 第二次允許在銀行取 50 港幣存款

△二十四日 ── 正金、臺銀兩家銀行開始營業

△二十五日 ── 香港造船所開始作業

△二十六日 ── 香港方面開始公交運行

△二十七日 ── 開通部分市內電車

△二十八日 ── 恢復香港廣州灣之間航運

二月

△一日 ── 香港電報局展開部分業務

△三日 ── 根據告示規定禁止使用日銀券、臺銀券、鮮銀券、中聯券、儲備券、滿銀券、蒙銀券、丁號及戊號軍票，使用乙號軍票和港幣（軍票和港幣按 1:2 兌換）

△八日 ── 追加 11 家公認錢莊

△十一日 ── 香港廣播局正式開始廣播

△十二日 ── 沙田—深圳間的鐵路開始臨時運營

△十七日 ── 允許在英、美、蘭、法、比各國銀行提取存款

△二十日 ── 磯谷廉介上任，香港佔領地總督部開始施政，軍政廳解散。當日頒佈實施《軍律令》、《軍罰令》、《刑事審判規定》、《刑事緊密治罪條例》、《民事令》、《民事審判規定》、《監獄規定》、《香港佔領地總督部軍律會議所管轄判決與未判決囚犯拘留辦法》（香督令第 1 號至第 8 號）

△二十一日 ── 發佈總督告諭

△二十四日 ── 恢復中國系銀行

三月

△二日 ── 重新開放香港·汕頭航路

△四日 ── 市內百貨商店全部開張營業

△五日 ── 正金、臺銀兩家支行還是匯款兌換業務

△六日 ── 追加 21 家公認錢莊

△十日 ── 設立香港佔領地總督部軍法會議、軍律會議和民事法庭

△十五日 ── 實施白米票據配給制，規定每人每天 0.4 斤，價格為每斤 20 錢

△十七日 ── 調整電車票價，一等（上層）15 錢、三等（下層）10 錢

△十八日 ── 允許每人在銀行提取 150 元港幣存款（第三次）

△二十日 ── 總督部公報發刊。實施麵粉配給制

△二十一日 —— 隨著 2 月中旬關閉軍票兌換所，開始暫停軍票和港幣兌換，根據總督部財務部命令，設置僅允許購買軍票的軍票兌換所（正金、臺銀支行），兌換比率為 2 元港幣兌換 1 元軍票

△二十二日 —— 即日起 3 天內，允許從滙豐銀行九龍分行提取部分存款（僅限中立國人和非敵對中國人）

△二十四日 —— 舉行廣九鐵路（九龍—羅湖之間）開通儀式

△二十七日 —— 市內電車全部開通

△二十八日 ——《總督部管區內出入、居住、物資進出、企業、營業、商業行為等監督令》（香督令第 9 號）公佈實施。關於華民軍政協助機關的《華民代表會章程》（香督令第 10 號）、《香港華民各界協調會章程》（香督令第 11 號）公佈實施

四月

△一日 —— 開始辦理送往以蘇聯為首的歐洲各中立國的郵件。調整國內郵政價格的同時，開始對出自轄區內的郵件價格進行調整（香督令第 12 號）

△七日 —— 下述銀行作為敵對國銀行被要求強制清算。香港上海、渣打、商務（有利）、比利時（華比）、國家城市（萬國通寶）、大通、美國運通、友邦、蘭印商業（安達）、荷蘭商業

△十日 —— 總督部官邸由九龍東亞飯店遷至官邸現址

△十六日 —— 一直以來在民治部管轄下設置了香港、九龍、大埔 3 個派出所，將其作為下級行政機關，但關於地區事務所的規定（香督令第 13、14 號）公佈後，將管區分為香港、九龍和新界 3 個地區，並分別設置了地區事務所。公佈實施《私立日語講習所規定》（香督令第 15 號）。即日起市民通行時間延長為上午 5 時至晚 11 時（公示第 11 號）

△十七日 —— 公佈實施《私立學校規定》（香督令第 16 號）

△十八日 —— 公佈實施《私立幼稚園規定》（香督令第 17 號）

△二十日 —— 即日起將部分街道名稱改為日本名稱。開始辦理來往日本—澳門間的郵件中轉業務

△二十一日 —— 開設大日本航空和中華航空辦事處

△二十八日 —— 公佈《電話規定》（香督令第 19 號），並溯及 2 月 22 日開始實施

△三十日 —— 鑒於管轄區內治安恢復穩定，總督部命令解散各自發警衛團體

五月

△一日 —— 正式恢復香港‧新界之間的海上交通；允許 20 間私立學校復課；公佈實施關於限制郵件發送的香督令第 18 號

△二日 —— 允許與中國大陸和平地區各城市間的普通匯款和電匯，匯款每人限 500 元軍票。

△六日 —— 禁止轄區內麻袋、黃麻、海翔布和安平的自由買賣（公示第 20 號）

△十一日 —— 設立香港佔領地總督部分析所，公佈實施分析所規定（香督令第 20 號）

△十五日 —— 開始辦理寄往居住在帝國佔領南洋各地區中菲律賓、爪哇、蘇門答臘、馬來、加里曼丹的日本人的郵件。成立香煙販賣組織

△二十日 —— 追加以下銀行為敵對銀行，要求強制清算。通濟隆、新沙遜洋行、義品放款銀行

△二十二日 —— 政府規定香煙販賣價格

△三十日 —— 公佈實施香港警察犯處罰令（香督令第 21 號）；實施砂糖配給制

六月

△一日 —— 開始辦理寄往居住在緬甸的日本人的郵件；香港‧澳門間的郵件和在兩地間直接郵遞（以前由廣東轉寄）；整合各中文報紙

△三日 —— 總督部設置了 6 家直營醫院和 2 家直營藥店

△五日 —— 公佈實施《電影話劇審查規定》（香督令第 22 號）

△十二日 —— 公佈《醫師牙科醫師令》及細則（香督令第 23 號），並於 8 月 1 日實施

△十五日 —— 暫停下面 4 家重慶系銀行營業資格，並要求強制清算。中央、中國農民、廣東、中國國貨

△十八日 —— 將白米的配給價格由每斤 20 錢（軍票）調整為 30 錢

△二十五日 —— 登山電車開始運營

七月

△一日 —— 開始辦理發往爪哇方面的電報；公佈《帆船登記臨時措施令》（香督令第 25 號），並於 6 日實施

△三日 —— 三、四日召開香港‧廣東經濟聯絡會議，該會議確立了香港—廣東貿易協定（第一次協定，從昭和十七年八月至十月的 3 個月時間）

△四日 —— 設立香九帆船運輸組織

△八日 —— 恢復香港—廣州灣之間的航路

△十五日 —— 開始辦理發往馬來、加里曼丹的電報業務

△十六日 —— 實施食用油配給制

△二十日 —— 在轄區內實施區制，香港島設置 12 個區、九龍 9 個區、新界 7 個區（香督令第 26、27 號）

△二十二日 —— 禁止經營舞池、麻將遊戲場等各種不正當活動的俱樂部和結社集會；柴炭批發組織即日起開始辦理業務；柴的政府定價為每斤 3 錢 2 厘、零售 4 錢。公佈《普通郵件種類和郵稅規定》（香督令第 28 號）、《第三種郵件細則》（香督令第 29 號），並於二十五日實施

△二十四日 —— 公佈實施《轄區內貨幣及兌換規定》（香督令第 32 號）及第 14 號公示。其主要內容如下：（1）轄區內的貨幣為軍票和港幣；（2）繳納租稅只能使用軍票；（3）挪用超過 200 元軍票、超過 1,000 月儲備券和港幣、法幣，都需要得到批准；（4）設置軍票兌換所（正金、臺銀），只能在交換所進行兌換，允許自由進行港幣兌換軍票、兌換不超過百元港幣、經證明確需的兌換港幣和不超過千元儲備券兌換軍票；（5）兌換比率為軍票兌換港幣為 1:4、軍票兌換儲備券為 18:100；（6）禁止事項 —— 軍票和儲備券兌換法幣，用港幣兌換軍票以外的日系貨幣，儲備券和法幣買賣，儲備券兌換港幣

△二十五日 —— 為整治所有權不明確的房屋和確認房屋所有權，公佈《房屋所有權登記令》（香督令第 30 號）、《房產稅徵收令》（香督令第 31 號），均於 8 月 1 日實施。公示了庫存貨物所有權申告辦法和轄區內倉庫一覽表

△二十八日 —— 指定下面 3 家中國銀行為臨時軍票兌換所：交通、東亞、華僑（兌換限度為 100 元港幣）

△二十九日 —— 獲得總督部援助的市民首次返鄉

△三十一日 —— 追加指定以下中國銀行為臨時軍票兌換所：康年儲蓄、永安、中南鹽業（同時提高兌換金額至 200 元港幣）

△三十一日 —— 設立香九糞務公司負責處理香九的糞便

八月

△一日 —— 開始辦理與馬尼拉之間的電報；開始辦理郵件預約業務（香督令第 33 號）；將香港—大澳島之間的定期航路延長至大澳

△七日 —— 允許 9 所私立小學復課

△十日 —— 磯谷總督 7 日從香港出發，赴廣東訪問華南軍最高指揮官、海軍機關和廣東省政府，而後返回香港；即日起須使

用軍票購買米、食用油、柴、砂糖等配給品

△十四日 —— 將昂船洲島改名為向島

△十七日 —— 公佈關於恢復向南洋佔領地區、泰國和印度支那匯款的
細則

△二十日 —— 公佈實施《轄區外貿易帆船監督規則》（香督令第 34 號）

△二十一日 —— 為答謝磯谷總督，廣東省主席陳耀祖先生來港

△二十五日 —— 對《帆船登記臨時措施令》進行了部分修改，並開始
實施（香督令第 36 號）

△三十一日 —— 公佈實施總督部《管理不動產費用借貸規定》

九月

△一日 —— 開設總督部香港國民學校；開始華人學校新學年，已有
25 所學校，新增 10 所學校；公佈實施《水道使用細則》
（香督令第 37 號）、《屠宰場細則》（香督令第 38 號）

△四日 —— 開始進行轄區內第一次戶口普查（18 日止）

△九日 —— 完成大埔墟的鐵路整修工作，舉行開通儀式；指定石塘咀
和深水埗為娛樂區，命令 10 月 31 日前將各種娛樂機構搬
至該區域，其他區域禁止經營娛樂項目

△十日 —— 進行啟德飛機場擴張工程祭祀；開始辦理轄區內各島嶼間
的郵政業務

△十三日 —— 公佈實施《土地稅令》（香督令第 41 號）

△十七日 —— 公佈實施《漁業監督細則》，在轄區內從事漁業需得到
總督批准（香督令第 42 號）

△十八日 —— 公佈實施《貿易監督令》（香督令第 43 號），與日滿華
北華中、印度支那、泰國和南洋佔領地之間進行貿易，
只限香港貿易組織成員；公佈實施《戶口細則》（香督
令第 40 號）

△二十二日 —— 在廣東召開第二次香港 — 廣東經濟聯絡會議，簽訂
第二次香港 — 廣東貿易協定（十月一日至十二月末）

十月

△一日 —— 開始辦理香港・海南島之間、香港・汕頭之間的電報業
務；整合公共汽車公司、計程車和卡車從業者，成立香港
汽車運輸公司。

△三日 —— 成立香港藥業組織

△八日 —— 正式成立香港貿易組織；組成香港水產批發市場組織

△十日 —— 開始辦理發往澳門的電報業務

△十五日 —— 為防止發生交通事故，公佈實施《陸上交通監督細則》
（香督令第 44 號）

△十九日 —— 對空襲我國領土、滿洲國和我作戰地域，並進入我許可權內的敵飛行員，移交軍律會議進行處罰（香督令第45號）

△二十四日 —— 開始香港·華中之間的電報業務

△二十五日 —— 敵機對我實施空襲，兩架飛機被擊落

△三十日 —— 禁止持有聽取或可能聽取短波廣播的收音機（香督令第46號）

十一月

△一日 —— 成立與菲律賓之間的物資交流協議；開始辦理與滿洲國、蒙疆和華北的電報業務。廢止僅允許日本人向南洋佔領地寄送郵件的限制

△二日 —— 發佈反恐警報時的燈火管制佈告

△十日 —— 公佈實施《租地使用令》（香督令第47號），規定由租地事務所負責總督部所有地的使用事務；開始辦理香港·仰光的電報業務

△十二日 —— 發佈重要設施材料偷盜防止令

△二十日 —— 指定渡船和貨物運輸船隻使用專用棧橋

十二月

△一日 —— 開始辦理與日本國內之間的郵政匯款和掛號郵件業務；擴大香港廣播局東京轉播的時間；公佈實施《印花稅令》（香督令第50號）；發佈空襲時在港普通船舶臨時處置綱要；設置官方種痘所，開始實施種痘

△七日 —— 追加指定7個總督部藥店

△八日 —— 進行香港忠靈塔地祭祀；制定《總督部委託經營事業會計監督實施規定》（香督令第52號）

△十一日 —— 公佈《娛樂餐飲稅令》（香督令第51號），並於十五日實施

△十二日 —— 在香港召開第三次香港·廣東經濟聯絡會議，簽訂香港·廣東第三次貿易協定（昭和十八年一月至三月，規定廣東月出口額度為80萬元、香港月出口額度為40萬元）；發佈命令從昭和十八年一月一日起總督部的收支均採用軍票本位；柴的政府定價從每斤4錢調整至5錢

△十五日 —— 成立香港神社御造營奉贊會，總裁由總督擔任、會長由參謀長擔任；禁止香九渡船搭載行李以外的貨物

△十六日 —— 在□□建造的□□船進水

△二十四日 —— 公佈《娛樂稅令》（香督令第53號）（18年1月1日實施）

△二十八日 ── 開始辦理香港─廈門之間的電報業務
△二十九日 ── 修改印花稅令中的第二條並予以實施（香督令第
　　　　　　　55號）

昭和十八年

一月

△一日 ── 正式開通香港·北加里曼丹島之間的電報業務；由電影配
　　　　　給公司對轄區內的電影進行分配
△五日 ── 市民夜間通行時間延長至晚12點；香港最早的機帆船
　　　　　□□丸進水
△十日 ── 修改總督部監獄細則（香督令第1號）
△十五日 ── 香港─大阪間的電報實現直通
△十六日 ── 暫停放映英美電影
△二十一日 ── 提高香煙政府定價，五華由10錢提高至15錢、玉葉
　　　　　　　有15錢提高至20錢、紅錫包由20錢提高至35錢、
　　　　　　　老刀由25錢提高至40錢
△二十三日 ── 為禁止吸食鴉片，公佈實施《鴉片取締細則》，規
　　　　　　　定每日吸食的最大量為1泡，持有鴉片者須在二月
　　　　　　　二十八日前上交至鴉片代理所，鴉片1兩（10泡）公
　　　　　　　開定價為43元50錢（香督令第2號，香督令第3、
　　　　　　　4號）
△二十五日 ── 實施食鹽配給制；禁止私藏槍炮火藥及其他武器（佈
　　　　　　　告第2號）
△二十六日 ── 擴大發往菲律賓群島的電報業務地範圍

二月

△一日 ── 機帆船□□丸進水
△六日 ── 修改帆船登記臨時措施令，規定對船體改裝或拆解以及處
　　　　　理桅檣和錨索等金屬製零件，需得到港務局長批准（香督
　　　　　令第2號）
△七日 ── 發表84家指定食鹽零售店，即日起批准營業，每人每月
　　　　　的配給量為0.5斤，每斤20錢
△十日 ── 制定《水道指定工程人規程》
△二十日 ── 發佈實施《刑事審判規則》（香督令第5號）、《改正民
　　　　　　事審判規則》（香督令第6號）、《改正刑事緊急治罪條
　　　　　　例》（香督令第7號），廢止昭和十七年頒佈的香督令第
　　　　　　3號《刑事審判規則》；公佈實施《律師令》（香督令第

8 號）、《律師名簿登記規則》（香督令第 9 號），恢復戰前的律師（辯護人）制度

△二十五日——實施《軍政令》（香督令第 4 號），廢止昭和十七年香督令第 1 號《軍律》及第 2 號《軍罰令》

三月

△一日——提高麵粉的政府定價，由每斤 50 錢提高至 90 錢

△三日——公佈實施《公立東亞學院規程》（香督令第 11 號）

△二十日——實施《駁船登記臨時措施令》（香督令第 12 號），規定裝載量超過 5 噸的駁船需要登記

△二十二日——在廣東簽訂香港·廣東第四次貿易協定（4 月 1 日至 9 月末的 6 個月時間，規定廣東的月出口額為 100 萬元、香港的月出口額為 50 萬元）

△三十一日——實施《房產稅令》（香督令第 13 號）和《特殊房產稅令》（香督令第 14 號），同時廢除昭和十七年香督令第 31 號《房產稅徵收令》；公佈關於限制向大澳、坪洲、長洲各島搬移物資的規定，並於 4 月 1 日開始實施（香督令第 15 號）

四月

△一日——根據 3 月 31 日在南京召開的中國各地船舶運輸能力懇談會的決議，即日起開始實施香港附近各地貨物的香港中轉運輸，由以前從廣東進港的來自內地、華北華中等地的洋船，全部停靠香港（但 5 月份才真正實現）；即日起，在華中華南等地將儲備券作為中心貨幣，暫停新制軍票發行，但香港的貨幣政策並未發生變化

△八日——根據第 16 號香督令和第 21 號公示規定，對《轄區內貨幣和兌換規定》（昭和十七年香督令第 32 號）以及昭和十七年第 14 號公示內容進行部分修改並予以實施，以往儲備券的自由挪用額度為 1,000 元，今後調整為相當於 200 元軍票額度的儲備券，再有以往軍票兌換所對於 1,000 元以下的儲備券可自由兌換軍票，但該規定也將額度限定為相當於 200 元軍票的儲備券

△十日——公佈實施《重要物資授受限制細則》（香督令第 17 號），規定轄區內重要物資的買賣、授受均為批准事項

△十二日——開始實施《營業利益稅令》（香督令第 18 號）

△十四日——簽訂香港—汕頭昭和十八年度貿易協定（從 5 月 1 日起開始實施）

△十六日——撤銷軍票兌換所的軍票買賣限度（香督令第 19 號），

由此軍票和港幣之間的兌換沒有任何限制。

△十七日 —— 根據第 20 號香督令規定，修改實施《重要物資授受限制規則》

△十九日 —— 公佈實施《向特定地區無匯款進出口監督細則》（香督令第 21 號），原則上禁止對日滿中國（除澳門和廣州灣）的無匯款進出口

△二十日 —— 公佈實施《含有酒精飲料稅令》（香督令第 20 號）

△二十六日 —— 宣佈成立香港・海南島貿易協定，期間為昭和十八年四月至十九年三月，香港貿易物資為火柴、中藥、運動鞋、麵製品等額度為 850 萬元，海南島貿易物資以鹽類為主，貿易額度為 86 萬元。宣佈成立香港・廈門貿易協定，期間為十八年三月至六月末，香港貿易物資為棉織物、運動鞋、香煙、火柴等額度為 50 萬元，廈門貿易物資為酒類、紙、中藥、乾果及其他土特產等額度為 50 萬元；根據財務部長談話，發表了管理倉庫物資全部由總督部向所有者交付收購現金的政策決定。

五月

△一日 —— 砂糖配給價格從 5 月份配給開始，每斤上漲 5 錢，即白砂糖由每斤 55 錢提高至 60 錢，紅砂糖由 50 錢提高至 55 錢

△八日 —— 開始實施第二次戶口普查

△十日 —— 公佈實施《香港佔領地總督轄區內貨幣細則》（香督令第 26 號）、《軍票對港幣交換事》（公告第 14 號）、《追加臨時軍票兌換所事》（公告第 28 號）、《關於施行貨幣細則事》（公告第 29 號）等文件，要義如下：(1) 6 月 1 日起轄區內貨幣限定為乙號、丙號和 50 錢以下的丁號、戊號軍票，禁止使用港幣；(2) 持有港幣者須在 5 月 31 日前持港幣到軍票兌換所兌換成軍票，在銀行有港幣存款者須在 5 月 31 日前將其更換為軍票存款；(3) 6 月 1 日以後的其他普通債務的處置須使用軍票；(4) 以上兌換和決算比率為 1 元軍票對 4 元港幣；(5) 除了之前的軍票兌換所和臨時軍票兌換所外，還指定上海商業、中國、國華、中國實業、廣西、廣東省、國民商業、香港汕頭、福建省等 9 家銀行為臨時軍票兌換所；(6) 制定了轄區外其他貨幣（含港幣）的買賣、兌換、貨幣移入移出、儲備券交換所等規則及處罰規定。

五月份起開始實施電力調整消費，電燈方面，額度為本年度一到三月份平均使用量的 70%，其價格為每單位 26 錢，超過額度部分價格為每單位 1 元，用電量額度定為一到三月份平均使用量的 85%、電熱

額度定為 50%，超過額度部分徵收每單位 40 錢的費用；煤氣廠也發佈從五月份其開始實施的煤氣消費調整，將額度定為本年度一到三月份煤氣使用量的 80%，超過額度部分徵收一般價格的 3 倍費用。

△十三日 —— 與廣東總領事進行會談，廣州海關總局明確今後以香港為中轉的貨物進出口不再徵收稅款的意向

△二十二日 —— 為節約煤氣消費，決定晚 11 點起至次日早 6 點暫停煤氣供應

△二十五日 —— 開始辦理與華中、華南的掛號郵件業務

△三十一日 —— 根據第 17 號公示，香九城區內至 6 月 1 日，城區外至 6 月 4 日實施港幣兌換軍票工作；公佈實施《房產讓渡等監督細則》（香督令第 27 號），規定房產買賣讓渡等執行許可制，以防止房產價格的不正當上漲

六月

△一日 —— 即日起禁止港幣流通，實現軍票單一化；由於禁止軍票之外的貨幣買賣交換，致使錢莊停業甚至轉行

△九日 —— 公佈實施《對敵對國或敵對國人負債處理辦法》（香督令第 28 號）

△二十二日 —— 發佈成立香港・華中貿易協定，期間為昭和十八年四月一日至十九年三月末，華中的出口額度為 2,430 萬元、香港的出口額度為 1,680 萬元

△二十六日 —— 設置香港稅務所和九龍稅務所，並公佈實施關於兩稅務所的管轄區域的第 29 號香督令

△二十八日 —— 出於防空需要，在每天晚上 12 點至次日天明實施燈火管制

七月

△一日 —— 開始辦理與泰國（當時只有曼谷）的電報業務；當地報紙的部分價格從 5 錢提高至 10 錢

△九日 —— 公佈《物資進出口監督規定》（香督令第 30 號）和公示第 48 號，指定物資（穀類、麵粉類、豆類、獸鳥肉類、蛋類、鮮魚類、牛、豬、羊、家禽類、果實、蔬菜類、動植物油脂類、燃料類）以外的物資進口須經批准，物資出口均需要經過批准（15 日實施）

△十九日 —— 由於汽油價格上漲，計程車和貨車運費也相應提高

△二十一日 —— 香港和廣州灣當局之間簽訂了關於出口香港的牲畜定期輸送船協定

△二十五日 —— 香港汽車運輸公司為節約燃料，發佈公告在近期縮短部分公車路線

△二十八日 —— 下午 5 時 15 分 6 架敵機來襲，被我軍防空炮火擊退
△二十九日 —— 上午 9 時 15 分 6 架敵機來襲，未造成損失
△三十一日 —— 成立香港零售市場組織聯合會

八月

△一日 —— 成立香港大賣市場組織；開始辦理香港・蒙古之間的掛號
郵件和普通郵件業務
△十日 —— 擴大發往菲律賓電報的寄出地區
△十一日 —— 關於國人的銀行借貸問題，總督部發出經過總督批准的
通牒檔，積極促進了資金統管
△十二日 —— 廣東省銀行八月一日起暫停存款支取業務，被強制清
算；從今日配給開始，修改食用油配給價格，花生油每
斤 5 元
△十五日 —— 開始辦理發往華北的掛號郵件業務
△十六日 —— 實施味噌配給制
△二十一日 —— 開始辦理向國內、朝鮮、臺灣、南洋群島、關東州的
電子匯款業務
△二十四日 —— 發佈更新香港—廈門交易協定，由於香港・廈門貿
易協定（三月至六月，協議額 50 萬元）期滿，因而
締結了第二次協議，期間從七月一日至十月末，香港
的貿易物資為棉布、棉製品、橡膠底運動鞋、過濾嘴
香煙、火柴及其他物資貿易額為 75 萬元，廈門貿易
物資為柑橘、中國酒、乾果（龍眼肉、荔枝乾）、土
產紙、中藥及其他物資貿易額 75 萬元
△二十五日 —— 上午 9 時 40 分 13 架敵機來襲，遭受輕微破壞，同日
下午 6 時 8 分 7 架敵機來襲，未造成破壞
△二十六日 —— 實施柴炭配給制

九月

△一日 —— 總督部新設司法部，處理普通刑事、民事和非訴案件，以
及普通刑事、民事令立案等事項；將大米配給價格從每斤
30 錢提高至 37 錢 5 厘，主要原因是進口價格上漲；進一
步強化電力消費調整，9 月 1 日以後，電燈的用電額度為
6 月使用量的 35%、電熱為低於 20%、電力為低於 10%，
但電梯、電風扇等大功率電器的電力額度低於 30%，禁
止廣告和裝飾用電燈、霓虹燈招牌、製造冰淇淋和冰糕的
機械等用電；為了節約用電，規定香九電影院每月停業四
次；渡船一等票價由 10 錢提高至 15 錢
△二日 —— 約 10 架敵機來襲，被我軍防空炮火擊退

△五日——為節約汽油，暫時停止香九市內公共汽車運營

△十一日——新聞部長發表了關於義大利投降的談話，旨在表明保護在港的義大利人免受敵人傷害

△二十二日——對《物資進出口監督規則》進行了部分修改，對於指定物資（參照七月九日），從廈門和廣東省以外的地區進口也需要得到事前批准（十月一日起實施）

△二十七日——提高香煙的政府定價，五華從 15 錢提高至 25 錢、玉葉從 20 錢提高至 35 錢、紅錫包從 35 錢提高至 60 錢、老刀從 40 錢提高至 75 錢

△三十日——聯合長洲、大澳、青山、浦臺、荃灣、大埔、油麻地、筲箕灣等 8 家帆船漁業組織，結成香港帆船漁業組織聯合會

十月

△一日——聯合在港國人結成香港大和會；本月起實現了火柴配給制，配給量為 1 人以上 5 人以下的家庭每月 5 大盒（或 7 小盒）、6 人以上 10 人以下的家庭每月 10 大盒（或 15 小盒）、11 人以上的家庭 15 大盒（或 23 小盒），配給價格為大盒（90 根）每盒 10 錢、小盒（60 根）每盒 8 錢；食鹽配給價格從每斤 20 錢提高至 24 錢；提高了正金、臺銀兩家銀行的存款利率，定期存款年利率從 2 分 5 厘提高至 3 分，活期存款從日息從 3 厘提高至 5 厘

△二日——關於國人的銀行借貸，採取大藏省和總督部的雙重批准制度，而總督部通知今後僅需要總督部的批准，不再有其他障礙

△三日——根據佈告第 13 號，十月五日以後公佈了普通中國型帆船（帆船）在港內航運停泊規則，規定禁止帆船夜間航行等，目的在於防止盜竊、整治交通、警戒磁雷和強化夜間防空

△四日——根據佈告第 14 號，制定防空警報（十日起實施）

△五日——發佈成立第五次香港·廣州貿易協定，期間為昭和十八年十月至十九年三月，出口額為約為廣東 150 萬元（上次為 100 萬元）、香港 75 萬元（上次為 50 萬元）

△十五日——總督部公佈實施《軍律審判規則》（香督令第 42 號）、《法院令》（香督令第 43 號）、《刑事令》（香督令第 45 號）、《刑事審判規則》（香督令第 46 號）、《刑事立決處分條例》（香督令第 47 號）等文件，進一步完備司法制度

△二十五日——調整柴配給價格，由每斤 12 錢提高至 18 錢

十一月

△五日 —— 公佈實施《敵對銀行保有擔保不動產處分細則》（香督令第 50 號），規定因在清算中的敵對銀行抵押不動產而背負債務的人於十二月底前還清債務，解除擔保，沒有完成的由清算委託銀行對擔保物進行處分

△八日 —— 國民學校九龍分校開課

△十一日 —— 香港防衛隊在華南軍的支持下，開始廣九鐵路沿線肅清作戰；開始辦理與印度支那之間的電報業務

△十二日 —— 為確保香港・華南兩軍的聯絡順暢，「廣九作戰的意義在於徹底清除廣九鐵路沿線擾亂治安的禍根，擴大我治安範圍，作為大東亞共榮圈建設重要一環，以實現香港和華南地區的飛躍式發展」（華南軍發表）

△十四日 —— 發佈十二月份起增加 9 個用於開展疏散工作的歸鄉地點，並減少歸鄉手續

△十五日 —— 晚 10 時 50 分敵飛機對香港實施無差別轟炸，重要設施未受到任何損壞

△十六日 —— 磯谷總督視察前線；該日晚 0 時 40 分，敵對聯盟的飛機對香港實施轟炸，被我軍擊落 2 架，我方僅受到輕微破壞

△二十三日 —— 總督部農業指導所（粉嶺）開始辦公

△二十八日 —— 胡文虎召集八大米商就設立中僑公司問題進行座談；該公司利用 1,000 萬元資本（集合中國人資本）在各地進口大米及雜糧，以解決香港及中國各地的糧食問題

十二月

△一日 —— 白糖、紅糖等砂糖配給價格均提高 10 錢。政府對鴉片的定價從每兩 70 元提高至 90 元；九龍部分公共汽車線路恢復運營；本日下午 3 時敵機企圖空襲香港，被擊落 7 架

△八日 —— 舉行香港忠靈塔鎮物填埋儀式

△十一日 —— 成立香港民食協助會（中僑公司）

△十三日 —— 華南軍發表廣九沿線肅清作戰達到預期目的，第一階段行動結束

△二十二日 —— 發佈煤氣消費調整從十二月起廢除實績主義，對於難以以家庭成員數為基準的公司、工廠等單位，以六到九月份平均使用量的 20% 以下為基準額度

△二十五日 —— 舉行攻陷香港兩周年紀念；公佈《營業等監督規則》（香督令第 52 號）、《出入等監督規則》（香督令第 53 號），於昭和 19 年 1 月起實施；同時廢除昭和十七年第 9 號令；《營業等監督規則》將香督令第 9 號令中

關於企業、營業、商業行為的規定調整為單獨規定，同時進行全面修改，去除了對中國人進行的各種營業項目中與軍政有直接關係的、在公益上需要研究探討的、以警察治安角度需要取締的內容（這些在以前都需要批准），認可其自由營業，並僅需進行申請登記即可；《出入等監督規則》將香督令第 9 號檔中關於出入的規則抽出來形成獨立規定

△二十八日 —— 恢復連接深圳—石龍的 70 多公里鐵路，實現了廣九鐵路全區間開通；中國派遣軍總司令官畑大將來港，會見了磯谷總督

昭和十九年

一月

△十日 —— 總督部資金辦理銀行（正金）在九龍開設辦事處

△十一日 —— 停止辦理同文電報；修改南洋佔領地電報收取地名稱

△十三日 —— 機帆船第□船荒尾丸進水

△十四日 —— 發佈關於降低徵兵適齡的公示

△十六日 —— 提高大米配給價格，有每斤 37 錢 5 厘提高至 75 錢，主要是由於原價暴漲

△十七日 —— 發佈修改《兵役法》的公示

△二十三日 —— 敵機企圖對香港實施空襲，被我軍擊落 3 架

△□日 —— 公佈實施《船舶信號符字點附規則》（香督令第 1 號）、《汽船登記臨時措施令》（香督令第 2 號）

二月

△一日 —— 首次分配香九倉庫寄存貨物價款（截至十六日）；發佈締結香港—海南島貿易協定；修改部分《電話規定》，保證金從 50 元調整至 100 元；香九渡船票價一等票從 15 錢調整為 25 錢；調整電力基本價

△五日 —— 修改《含有酒精飲料稅令》，酒類、食醋的釀造實施許可制

△十一日 —— 擊落來襲的 4 架敵機

△二十日 —— 總督部成立兩周年紀念日，總督施米